清文半卷留心迹
——长沙邓门三代自述家风

Simple articles, true feelings: Self-descriped family
stories of 3 generations from the Dengs of Changsha

邓亭 寿勇等人著

Deng Ting
Shuo Yong
& Others

美国华忆出版社
Remembering Publishing, LLC. USA

Copyright © 2025 by Remembering Publishing, LLC. USA

Simple articles, true feelings: Self-descriped family stories of 3 generations from the Dengs of Changsha

Deng Ting，Shuo Yong & Others

ISBN：978-1-68560-204-8（Print）

978-1-68560-205-5（Ebook）

Remembering Publishing, LLC
RememPub@gmail.com

清文半卷留心迹

邓亭 寿勇等人著

（全一册）

出版：美国华忆出版社
版次：2025 年 9 月第一版，第一次印刷
字数：155 千字

All rights reserved.
No part of this book may be reproduced in any form or by any electronic or mechanical means including information storage and retrieval systems, without permission in writing from the publisher. The only exception is by a reviewer, who may quote short excerpts in review.

作品内容受国际知识产权公约保护，版权所有，侵权必究

编者说明

汇集一家子人的文字，编成书，冠"清文半卷留心迹"的书名，加副标题"长沙邓门三代自述家风"，准备呈送出版方之前，先做些简要的说明。

陆续收录的文字，主要在成年的三代人间，从邓亭寿勇夫妇开始，上有邓母邓评，下有儿、女、婿众人，另附老战友或晚辈的诗文，自家孙辈的怀念，共计三十余篇。他们动笔的目的不同，文体不同，长短也不同。七八年前开始进入初次汇编，最初设想比较简单，倚靠两份自述，加附录若干，配些照片，向亲属的成品小册子靠拢，组合成丛书，列入其中，借以说说大家族的故事，留下各自的业绩与心迹，纪念故人，不忘养育恩。

设想商定后，就走图文并茂的老路子，着手自编自排，准备出自印本。初排的上下册大致成形，只欠少量照片，再补若干就可达完满时，遇上了新情况：一则自家操办人员精力眼力不济，不时有点延滞；另有热心朋友提供帮助，援手超出预想。随之促成改变设想，打消了自家出丛书。考虑宜遵循国际出版业的规范，提升自家编印文集的档次，也方便已去海外学习、工作、安家的亲戚们，天涯海角都能顺当地获取纸质本与电子版。

根据出版方的要求，在原有的近乎成品书的基础上改编，操作起来并无大碍，先须另拟书名，遂考虑"清文半卷留心迹"名。它出自邓亭退休后的一句诗，用来串联众人的文字，可谓亲切贴切并存。邓亭原意在自勉，移于前辈可褒扬纪念，再晚辈，亦含勉励。相信读者可以感受到走出乡井、迈进新时代、迈向全世界的一代又一代，不失传统风范，谨守做人做事之道，自述行文，读来朴实干净，内外真切，把思考的空间、爱恨的宣泄，置于纸背。

近些年，华语文化界提倡自述家史，多有名家名人的名卷问世。长沙东乡的邓氏，百余年间虽不算什么名门望族，但在今天的湘江两岸，仍枝叶根生。族谱上派定过"立以德为先，正本声宏起"，不断为游子归寻提供认同。本书中的三代，也可以说是"德、为、先"的三代，他们成长、服务社会的年代，乡村族群持续动荡变迁，他们的自述中，乡风乡景淡而又谈，经历过抗战内战之乱，又经历十年浩劫，历历在目，依然可见求知、勤奋、正直的血脉绵延。

大陆学者熊景明说过："让我们独立地应用自己的思想、感情，做一件世界上只有你一个人能够做到的事。世间无人能代替你写下对往事的回忆，记下先辈的人生故事。"她大力倡导写私家史，写个人回忆，屡有示范美篇佳卷。她认为，写亲人写朋友写回忆，就像台湾作家王鼎钧先生所说，是记录情与义。即便在险恶、污浊的环境中，同样有被人性的光华照亮的时刻，有令人难忘的情与义。

本书中的几位作者，原先并没有拜读过上述论述，但他们凭本能自为，说明人性趋同，文心同归。作为普通人，遵守常识，践行本分，构思落笔敲键，字字句句对得住"清文半卷留心迹"，正是留给亲友的欣慰，也是赠予世人的阅览。

很抱歉，原先准备的若干照片，精选精修过，应出版方的技术性要求，舍去较多，保留过少，惟愿文字得到加倍珍视。

不当之处，敬请指正。

本书编者
2025 年 9 月下旬

目 录

编者说明 ·· I

我这一辈子
——邓门一脉立家史 ······················· 邓 亭 1
我的一生 ··· 寿 勇 64

邓评,一位坚强的新女性 ······················· 邓 亭 87
邓评存世信函(八封) ···························· 邓 评 95
祭邓评文 ··· 邓 亭 111

钻石恒久远
——写在《风雨彩虹钻石情》观后 ······ 邓效群 113
最后的陪伴 ··· 邓效群 115
八团岁月琐记
——追记爸爸人生剧中的一段 ············ 邓 元 126
怀念爸爸 ··· 寿肖芒 142
无形的家风
——忆岳父邓亭 ································ 赵小彬 151
诗一般的情怀 ······································· 叶志南 152
孙辈的怀念 ················ 赵欣蓓 邓安童 叶欣然 叶斐然 155

关于"以大"经营范围的一点补充	邓 亭	*163*
党的一位真正的朋友	邓 亭	*165*
一次难忘的盛会	邓 亭	*175*
我的一段"学工"插曲	邓 亭	*178*
邓亭与战友通信摘录		
——离休后关于文史修养散谈	邓 亭	*182*
送老友远行三章	邢会洪	*187*
拼命抗争的上学路		
——追忆邓门学子的辛酸	邓 元	*190*
白鹤祭	蒋夏露	*201*
怀念邓亭叔叔	马 阳	*203*
今生盘点	邓 亭	*204*
新年联想	邓 亭	*212*
告别语	寿 勇	*214*

本书两位主要撰述人：邓亭与寿勇，均摄于 50 年代

编者注：本书图片所附文字，须说明亲属关系时，采用邓亭的称呼来表述。

邓亭与母亲邓评，长沙

右起：邓亭、邓元、寿肖芒、邓效群、寿勇，摄于70年代

（两幅照，包括了长沙邓门三代）

我这一辈子

——邓门一脉立家史

邓 亭[1]

一、无忧的童年（1929—1939）

我的母亲邓评（原名邓德润），是长沙纸商邓龙高的长女，生于1909年，17岁小学毕业后入徐特立办的长沙师范，开始接触民主革命思潮，一度加入国民党（左派），旋因形势逆转而脱离。1928年夏同在益阳开药铺的姨表兄王寿山完婚。这桩婚姻原由双方家长撮合，谈不上感情基础。1929年10月1日（农历八月廿九）生下我以后，邓评原想做一个相夫教子的贤妻良母，可王寿山却沾染了旧商人的放荡习气，在忍无可忍的情况下，她于1930年冬一气携儿返回长沙娘家，从此发愤重新求学，至1935年底在省立二女中高中毕业。幼儿的我从此就在外婆家生活成长，成为邓门一员。

当时，外祖父已在长沙小西门正街开设了一家批发中西纸张的"以大纸庄"，家境比较宽裕[2]。我幼年时和舅舅的独子励吾一同上

---

[1] 邓亭，本书核心篇也是最长篇的作者，余下各篇作者的身份，均以同他的关系做出注明（仅在第一次）。——编者（下同）

[2] 关于"以大纸庄"，请参见本书另选邓亭文《关于"以大"经营范围的一点补充》，第155—156页。

过西式幼稚园，但不久励吾就得病夭折了，邓家第三代仅存我一个，全家对我更是关爱有加。那时，邓评因忙于求学和职务，无暇顾我，生活方面全由外婆照管，包括带我睡觉，招呼我吃喝；学习方面便托她的好友、也是我的小学老师及家庭教师甘梦泽照料，我则叫甘为甘妈（干妈）。记得甘妈晚上去做家教时也把我带上，我在有家人家看到许多连环画，从而有了喜欢文学的启蒙。我上的是市立第九小学，到1938年上半年我初小的最后一学期，因市区已遭日机轰炸，九小迁到东乡某祠堂办学，我便随甘妈一起住到学校，这时，甘妈又成了我生活上的保姆。在她的呵护与帮助下，我以第一名的成绩小学毕业。下半年时局进一步恶化，我便与甘妈分开回家了。后来听说，大概在1944年，甘妈在逃难途中被日军抓获，惨遭强暴后投江自杀。

我舅舅邓克生，商业学校毕业后即在家协助我外公经商。但他秉性是个读书人，爱好学习，关心国事，并结交了杨荣国等一班进步青年，抗战爆发后积极参加抗日宣传活动，1938年3月便秘密加入了共产党，从此走上投身革命、毁家纾难的道路。

邓评高中读书期间，也受到"一二·九"运动进步思潮的影响。高中毕业后曾在省财政厅任公务员一年。随着抗日战争的爆发，于1937年夏天离职和周缦等同学一起去桂林考入广西大学经济系，开始接受马列主义与党的宣传，从而确立了自己的人生目标，萌发了入党要求。1938年7月回长沙准备办理去延安手续期间，经杨荣国兄弟的介绍，如愿加入共产党，同时被劝说留在湖南工作。

其时，邓龙高于1938年1月因脑溢血病故。舅舅无心继承外公的事业，将"以大纸庄"改为员工股份制，易名"永昌"。为了安葬外公，也为了躲避日机轰炸，舅舅和妈妈商量并请示党组织后，在长沙东乡名叫谷宜塘的地方，购置了一处年收租谷140石的田庄，盖了十多间瓦房，让外婆领着家中妇幼搬去。我1938年暑期随家搬到谷宜塘后,便在附近周家宗祠的敦本小学上高小。

那时,刚入党的邓评接受的第一项任务,便是利用谷宜塘的条件,开办农民夜校,开展抗日宣传。于是,她邀集了一班进步青年,在谷宜塘的门厅和堂屋摆开阵势,办起了业余文化班和职业班,免费招收农民入学,宣讲抗日救亡道理,出壁报、教唱抗日歌曲、演活报剧、缝制寒衣、慰问军队,学生一度达一百多人,一时搞得热火朝天,轰动乡里。我当时被这热闹景象所吸引,耳濡目染,从中也受到了进步思想的启蒙教育。诸如南京大屠杀、揭露日军的残暴和可恨、台儿庄大捷、美好的苏联等,都给我留下了难忘的印象。

在当时的政治环境下,谷宜塘这种过于暴露的做法,使它仅维持了一个多月便烟消云散了,邓评转移到别处去做妇女工作。1938年10月下旬,广州、武汉相继失守,11月12日晚发生了"长沙大火"。当晚,我在乡下遥见城区一片熊熊火光,不知所以。"永昌(以大)纸庄"火中损失不轻,从此一蹶不振,舅舅也就完全脱身出来干革命。外公积攒的家产,除大部由舅舅提作革命活动经费外,留在"永昌"的股份所生利息,便成了谷宜塘家用的唯一来源。

时光在日军随时都可能来犯的威胁下,进入了1939年。这一年对于我,有过一些不平凡的经历。年初,外婆带我到邵阳(舅舅工作的湖南省工委《观察日报》新址)住过一段时间,记得在报社里遇到过我景仰的作家张天翼,他的童话《秃秃大王》曾引起我浓厚的兴趣。这年始,邓评新任《观察日报》记者,栖身长沙市内八路军办事处。上半年她带我在那里暂住过,得以与徐特立老夫妇朝夕相处,同桌用餐,感觉他们的生活非常俭朴。有一次妈妈给我买了副皮背带,后来告诉我徐老为此还批评她太奢华了。

同年5月份,邓评奉调到刚组建的"育英儿童抗敌工作团"当顾问。这是个由党领导的类似"新安旅行团"、从事文艺宣传的流动团体。邓评同时将我也带去,成为该团一名小团员,直至9、10月份因时局紧张被迫解散回家。这短暂的四五个月内,我随着大哥哥、大姐姐们跋涉于衡阳、耒阳、茶陵各县,进行街头义演和广场演出。记得茶陵驻军某团长是东北人,对我们非常友好和爱护,除招待我们饭菜外,还给每个孩子做了一套衬衫和工装裤。这段经历给我的磨练和教育是终生受益的。其一,第一次过艰苦的集体生活,吃粗糙的大锅饭,早早起床,统一行动,东奔西跑……;其二,第一次接触革命的、大众的文艺工作,学会了讲湖南普通话(现在叫"塑料普通话"),唱抗战歌曲、说快板、写美术字。还值得一提的是,这数月时间是我知事以来和母亲共同生活最长的一段时间,也是我一生中直接享受母爱最满足的时间。

"育英"解散后,邓评去了桂林,我们母子从此长期分开。我回谷宜塘不久,外婆带我到郴州姨妈家。姨妈邓德惠是外婆的幺女,姨父李绍杭当时任国民党空军郴州机场场长。我在郴州读了不足一个学期的高小,其间参加了市小学生演讲比赛,由自己编词自己讲,凭借我在"育英"的经验,居然得了第二名,高兴地捧回了一堆奖品。

我10岁前的日子,大体上可说是温饱无忧、养尊处优的,可是家中缺少玩伴。刘爱蓉因父母双亡,从小由她的舅妈——也就是我外婆收养,但她比我将近大十岁,玩不到一块。后来她去了延安,改名艾林,这是后话。1938年春(好像是春节)的一个晚上,全家正在吃晚饭,大门外忽然响起鞭炮声,开门一看,原来是有人用箩筐送来一女婴,外婆高兴地收作孙女,这就是邓建荣。因年龄差距,她在我童年生活中也没有留下多大印象。我幼时习惯于独自玩耍,或看看童话书、小人书。外公看京戏有时也把我带去,我去主要是坐在戏园子吃零食,顺带也接受了京剧艺术的熏陶,到家拿根棍棒表演给曾外公看。以后,听多了京剧唱片,渐渐对京戏有了好感。

二、孤寂而压抑的少年（1940—1945）

我母、舅姐弟俩，1939年冬先后转移到桂林。1940年冬在党组织安排下，他俩同时经香港到上海，于1941年4、5月间先后进入苏北、苏中敌后根据地，从此与家人完全中断了联系。这时，姨父母亦去了云南。外婆与我及建荣成了无依无靠的孤儿寡母。

我于1941年上学期才在敦本小学念完高小。这年夏天，外婆陪我到岳麓山下的岳麓中学考初中，在敌机盘旋声中，我心惊胆怯地第一个交了卷，结果仍被录取了。开学时，岳麓中学已搬至距谷宜塘十多华里的曹家坪曹氏宗祠办学，离家近了，但还得寄宿，这就有了我独立生活和每周徒步往返一次的锻炼。因时局不稳，该校办了一个半学期就停办了。曹氏家族在原址接着办，改名三峰中学，我继续在此就读，一直到1946年我离家前。这几年中，因时局时紧时松，学校时办时停，学业究竟中断过多少次，同一学期重新开始过多少次，我也记不清了。而以1944年5月鬼子攻占长沙至1945年8月投降这段时间停课最长。我的学业也就时续时辍，迄1945年下学期才读到初二下。凡停学的时间，也就是我们出外逃难或准备逃难的时间。

回忆这段岁月，印象最深的是兵荒马乱、颠沛流离，而念书的记忆仅为零星的片断。

逃难的地点，第一次向东到靠近浏阳县的山村，是外婆本家侄子处；第二次渡湘江到西乡一户与我家保姆唐妈相熟的人家。这两次时间都不长，属于"闻风而逃"的虚惊。在这以后，大概是1943年，惠姨带了她的第一个孩子回谷宜塘住。一天，她和舅舅的元配妻子柳庆宜一同外出，在山路上被两个国民党的散兵截住，用枪逼着她俩到附近的农舍，实行了强暴和抢劫。她们披头散发、嚎啕大哭逃回家中的惨状，我至今难忘。不久惠姨就独自到昆明姨父处去了。柳庆宜以后也返里另婚。

第三次逃难是1944年5月，日军正式进犯长沙之前，我们逃到西乡黄家宅院，宅主黄楚英是外公的同行晚辈，当时有好几家纸商的眷属都逃到他们家。这次长沙真正沦陷，我们在黄家住过了夏天。一个月色明朗的午夜曾遭到一伙匪兵（即国民党败兵）的入室抢劫，匪兵把居民全赶到一间屋子，派一人看守，其余的到各处翻箱倒箧，后因田间看稻人听到狗吠声朝天放了一铳，匪兵们才慌忙撤走。造成损失并不大，但令人惊吓至深，心存余悸。鉴于此劫，加以日军于6月18日攻陷长沙后的烧杀高峰似已过去，难友们便纷纷返回日军统治下的家园，我们也经过悬挂着膏药旗的长沙城回到谷宜塘。回家一看，家中已被日军洗劫得狼藉不堪，衣服、书籍、杂物丢弃一地，令人气愤难言。这样，我们就忍气吞声地过起了亡国奴的生活。

遇到的问题首先是赋税大增，储备券（伪币）不断贬值，"永昌"的家用钱难以为继；再者敦本学校为日军驻扎，不时出来骚扰，我多次听到山野传来妇女的呼救声；有时登堂入室，避之惟恐不及。这种缺乏保障、毫无安全感的日子，迫使外婆决定再次出走，这就有了1944年冬的第四次逃难。这次外婆安排唐妈带建荣在家留守，领着我和建成（惠姨留下的孩子）第一站到达西乡道林镇外婆侄媳妇谭晋辉家。当时唯一的交通工具是轿子，进出长沙城时，要下轿给日军搜身。在谭家住了一段时间，次年春就由我的父亲王寿山来接我们到益阳新市渡镇避难。那时王寿山虽已与我母离婚另娶，但他原是外婆的姨侄，我是他唯一的儿子，之间仍有亲情维系着，他的药铺亦是靠我外公给的资金开起来的。益阳沦陷后，他把药铺迁到城南新市渡继续经营，危难中将我们接去，也体现了他一片孝心。

我们在新市渡住的时间较长，直到当年9月鬼子投降后。新市渡虽未驻日军，但有条交通大道贯穿其间，常有日军队伍通过，或来奔袭偶在镇内出现的"游击队"。鬼子来时，忽而马队疾驰，忽而枪声大作，我们如同身陷战场，走投无路。一日我正在午睡，忽闻枪响，我顾不了穿鞋爬起来就往屋后的稻田地窜，躬身于稻穗下，只听得子弹在头上嗖嗖飞过，吓得我有段日子出现条件反射，熟睡中听到声响便会猛地爬起来奔逃。就在这样提心吊胆、惶恐不安而又茫然不明外界情况的极端苦闷心情下，忽然传来日本投降的消息，我们不禁欣喜若狂，不敢信以为真。

至此，逃难生涯终算结束，外婆领着我们经益阳坐船回到了长沙谷宜塘，我还是去三峰中学读二下。返校后得知，班上一位姓熊的女同学，因遭日军蹂躏而自尽身亡，日寇侵华留在我们心头的血泪帐，又增加了一笔。

"三天打鱼、两天晒网"式的学习环境，使我的学业遇到了很大的困难。特别是英语因缺课太多，又无法自学，（不像现在有这么多的自学工具），成了我的弱项。但我自小喜爱看书，记得幼年住城里时，舅舅在餐桌上常会讲一些从书报上看来的新奇和有趣的事情，使我萌发对文学的爱好，他还常给我买童话书，妈妈也给我订阅了《儿童世界》等杂志。搬到乡下后，家庭环境养成我内向、孤僻的性格，惟有从书中求乐趣，而书籍也向我敞开了一扇又一扇知识之门。记得第四次逃难前，学校面临再次停课，老师特地安排全班学习都德的《最后一课》，触景生情，同学们均为能否重聚而伤心，课堂内发出一片嘘唏声，文学的魅力深深地感染了我。

湖南素有文化传统，高小语文课就选有《古文观止》的文章，中学的语文讲义几乎全是古诗文，像《长恨歌》《琵琶行》等篇章，老师都要求熟练背诵。虽然那时我仅是初步接触到祖国古籍的一些普及读物而已，但至今我仍感到多学习古诗文对提高自己的汉语水平、打好语文基础的确很有好处。据我体会，读一点文言文才能欣赏到祖国语言文字的修辞美。语文是最适宜自学的，家里留下的几书橱图书自然成了我辍学期间消磨时间的主要物事，逃难途中也随处找书看。从《西游》《水浒》到通俗演义、武侠小说、侦探小说，先把好看易懂的看遍，再啃《三国》、《聊斋》，直至半文半白的明清笔记，亦不求甚解地找到就读。后来，在家中存书中发现一本胡适编的《词选》，引发了我对这一文体及作品的浓厚兴趣，这便是我日后学着填写一些遣兴诗词的由来。

三峰中学的国文老师名黄鼎青（笔名梦僧），宁乡人，他对我比较赏识，课堂评析作文时常拿我举例。一次，他在我的一篇关于写作经验谈的作文后写了如下评语："这是三峰教学两年来认为最满意的一篇"，令我深受鼓舞。1946年初，外婆带我到长沙参加外公的堂侄邓润生的丧礼，我仿效《祭十二郎文》的风格、按外婆的口气写了一篇祭文，也获得了长辈们的赞赏。这些成绩，使我萌生了未来要当作家的梦想。

我在中学一般是个循规蹈矩的好学生，不善交际，不爱活动，埋头念书。但也碰到两次倒霉的事，均由对校方的不满而引起。一是食堂包伙的老板长年克扣学生伙食费，学生伙食办得量少质差，顿顿吃米豆腐，而把老师的伙食搞得不错以堵他们之口，学生平日有意见没处提，那次期末最后一顿午餐时群起把饭桌掀了，我亦参与，被记过一次。再次是因学校训育主任曹某（也是校董、英文教员）一贯专横暴戾，学生无不恨他。这学期放假前大家在宿舍议论他，我一时兴起，就现成纸笔写了两句顺口溜：特此向你来道贺，下期学生冒一个。遭举报，又记过一次并罚跪。这几次打击，加重了我思想上的压抑，性格更趋内向。

我少年时极少生病，但由于营养不足（偏食，不吃素菜、不吃肥肉、不吃蛋黄、不吃糖），发育不良，长得又黑又瘦又矮，常受人嘲笑，因而自惭形秽，形成自卑心理，加上家中缺少知音，在外没有知交,造成孤僻、寡言、不合群而又极自尊的个性,只求独善其身,不理会别人怎样。这对我日后的待人接物带来了很大的不利。

在我的成长过程中,对我思想道德观念影响至深者,不能不提到我的外婆史美媛。她虽然读书不多,只能说是略识诗文,但她的思想却相当开明、通达。她基于对自己儿女的高度信任,对舅舅、妈妈投身革命以及动用家产办义校、办报纸、办印刷厂,从没说个不字,或有人在她耳边说些闲话,亦不为所动。那些年,舅舅的一些朋友经过我们家,如有生活或路费困难,外婆总是解囊相助。

刘爱蓉到延安后与刘禄长恋爱,准备结婚,写信向外婆求援,说:我姓刘他也姓刘,他爱我我也爱他。外婆看到这封体现爱蓉一贯性格的来信非常开心,马上汇给他们一笔不菲的礼金,他俩一直心存感激。

外婆是位极富同情心的女性,凡有上门乞讨的,总会给些饭食或大米。她常对我说"恻隐之心,人皆有之",要将心比心,要与人为善。外婆的仁者心,特别表现在处理同佃户徐家兄弟的关系上。当时,谷宜塘的田地由徐家两兄弟承租(他们就住在我家隔壁),按契约每年应合缴租谷140石,每到年关,外婆就请他们过来结算一年租帐。我平日负责家庭记账,得以列席此事。那时,我家常住人口仅五六名妇孺,一年口粮不会超过40石稻谷,换猪肉、豆腐用些大米,加上田赋、军粮、我的学费粮,佣人的工资粮等,我家一年实际用粮总数都达不到140石,这余额的处理便成了年关结算的主题。双方核对账目无误后,徐家兄弟就会诉说年成不好等困难,外婆便爽快地将未缴足部分作为对徐家平日给我家帮忙的酬劳而一笔勾销,不留尾巴到来年。因此,这种协商的气氛总是很友好和客气的,我们和徐家的关系也一直很融洽。

湖南解放后,外婆根据舅舅的意见,将谷宜塘田产、永昌股权、市内房产(抗战胜利后惠姨出资购买),悉数上交政府,举家北上,随舅舅而居，1965年冬病逝于南京。"文革"中我们曾暗自"庆幸"，这位一心跟党走的善良老人，可说是"逝得其时"，否则她目睹自己最信任的子女在"文革"中的不幸遭遇，将何以抚平心中的块垒!？

三、人生转折点（1946－1947）

抗日战争的胜利，是国家命运的转折点，也给我带来了人生发展道路的转折。

1945年9月回长沙后，由于邮路恢复，我们先后收到了舅舅（高邮）、妈妈（淮安）寄回的平安家信，真是"烽火连三月，家书抵万金"呀！信中虽然回避了当时的敏感话题，但已使我们感受到了他们生活的充实和精神的愉快，这对我产生了极大的吸引力。随后，妈妈进一步向我发出了到她那边去念书的号召，并着手安排我的旅行路线和旅伴。那时的我，经过八年抗战的磨难，面对"惨胜"后当局的腐败局面，对现实极端不满，正感到前途渺茫，急欲找条出路，更何况切盼母子团聚的亲情已在我心中激荡，于是，我毫不犹豫地决定离家北上，找妈妈去！至于此去可能遇到什么风险，会有哪些困难，根本没去理会。外婆像过去支持舅舅、妈妈一样，毫不犹豫地支持我的决定，着手为我打点行装。当时，外婆本家侄女史习敬刚携一双儿女投奔我们家，她丈夫欧阳山因与某抗日游击队长同名而遭日本宪兵队严刑拷打惨死狱中，她后来随外婆一同北上，在扬州安度晚年，儿子欧阳绅国即现今在南京工作的欧阳江。我出行的行囊中有一只当时市场上已难见到的搪瓷杯，便是史习敬给我的，令我对她长存怀念之心。

不久，我收到了浏阳罗孝荣的信，他告诉我到长沙中山北路的中国书店找孙森，商量我们一道去上海的事。罗孝荣与孙森曾是育英儿童团的大团员，我们原来都是认识的。1946年初学校放假后，我便到长沙住在堂舅邓润生家，并在他家过的春节。这期间与孙森接上了联系，常到他开的那爿小书店里去看书，茅盾的《蚀》便是那时所读。后来，罗孝荣也来了，共同商量结伴去上海的细节，我这个没有见过世面的乡下孩子，自然凡事都听从他们的安排。当时，交通刚刚恢复，一切还乱糟糟的，我们选择的路线是坐火车到武汉，再坐船到南京，从南京坐火车去上海。首先碰到的问题是买票难，他们托人找到火车站长的情妇，请她吃饭加送礼，才买到三张票。我虽然没有参加请吃，但请客送礼费用仍摊我一份。我们启程的时间大概在2月底，外婆给了我一些路费，加上春节中我积攒的压岁钱，又到永昌支了一点，便是我全部的盘缠。在永昌支钱时受到管事的白眼，他们都认为我应在家好好念书，不该贸然去共产党地区。后来我才知道，我走后我的父亲王寿山曾专程从益阳赶到长沙来阻拦我，已调南京的姨父李绍杭也反对我走。

拿到票，临上车时发现车站人如潮涌，秩序混乱不堪，幸亏我们行李简单，好不容易才爬到两节车厢（全是闷罐子车，车厢内早已挤满人）之间的踏板上找个立足点站下来。那时火车头是用汽车头改装的，由被俘的日本兵驾驶，一路不停地开了一个通宵天亮抵达武昌。我们在毫无遮挡的凛冽寒风中，一动也不能动地吹了一夜，人冻得几乎麻木，能平安到达目的地就算不错了。

到武昌后马上联系到一艘放下游的帆船。为了减少货币贬值带来的损失，罗孙把我们三人随身带的纸币去金店兑换成金子，金店的伙计算错了账，多给了我们黄金，回来结账时罗孙将额外所得部分由他俩分了，说是因为我没有同去金店，所以没份。小帆船舱内连我们共载了七八个旅客，在长江中行驶了一个星期才到达南京。登岸后直奔下关车站买了火车票上车，正庆幸我们都找到了座位，忽有一国民党空军军官护送一位摩登太太走到我身边，示意我赶快让座，我稍有迟疑，他的手掌已高高举起，我只得乖乖地将位子让给她。

　　3月上旬，终算到达了我向往已久的大上海，在四马路（今福州路）找了一家福建人开的旅馆住下，记得旅馆附近都是卖旧衣服的估衣店。我忙给妈妈和舅舅发了信去，在等待消息的日子里，我常和罗孙二人到步行可达的南京路、外滩公园一带闲逛，因囊中羞涩，不敢购物。有天晚上在永安公司的七楼，他俩受到妓女的纠缠，让我第一次见识到妓女——这一社会底层可怜群体的众生相。

　　正当我旅资将罄、为食宿费用发愁之际，忽有黄笛初先生来寻我。黄是我堂舅邓润生纸店的老伙计，也是我舅舅的老朋友，当时他正在上海办事，因为接到我舅舅委托他送我去解放区的信而来找我的。从此正式启动了我投奔革命的行程。

　　黄笛初先领我去找许振东先生，第一次在金陵东路仁泰钱庄接上头，约定好时间，第二次在金陵东路华盛银公司楼上一间办公室内见到了许本人。许振东是一位红色的工商业者，1938年他在桂林时，与我舅舅结识并成为挚友。他利用自己开办的钱庄，为支援抗日战争和解放战争做过许多有益的工作。当时，上海和苏北解放区之间有一条地下通汇线兼交通线，上海这头便是许振东，苏北那头便是时任华中银行高邮分行行长的邓克生，许振东在镇江办的中大钱庄，及在扬州办的仁泰分庄，都是这条通汇线的点，而仁泰分庄因与国民党扬州驻军办的某公司结成了联营关系，就为这条交通线提供了一顶保护伞。1941年我母、舅经上海赴苏北前，就是住在许振东家的。

　　那次见面时，许将已准备好的证件及介绍信交给我们，黄和我是以老少伙计的公开身份去高邮采购咸鸭蛋的，还交代了我们去苏北一路的联络点及应注意事项，并给了我一笔路费，我和黄笛初便回各自住处作上路的准备。我用许振东给我的这笔雪中送炭的钱，先交足了旅馆的食宿费，买了件化装用的长衫（这是我平生唯一一次穿长衫），又置办了几件春季衣服，到旧货摊掏了只箱子，最后将余钱买了块旧表（到解放区后这表就给妈妈了）。黄笛初行李较简单，但他带了好些骆驼牌洋烟，作为打点关卡人员之贿礼。我俩离开上海的时间约在4月初，正是连续发生戴笠和叶挺两场空难的时候。与罗、孙两位大哥哥就此告别。后来罗孝荣于6月份也辗转到了淮阴华中建大，又成为我的同学。据他告诉我，孙森在上海采购了一批图书和文具回长沙后，便被国民党特务盯上，书店遭捣毁，他本人被抓后死于非命，年仅二十多岁，尚未成婚。

从上海出发，经镇江过江，到达地处红白分界线的扬州，一路尚称顺利。但在扬州上岸换船去高邮时，遇到了严格的检查，因我们介绍信比较过硬，那些持枪的军警把我们的行李翻了个遍，没发现可疑物品，将所有的香烟搜走后放行了。于是，我俩乘上一只小划子，沿运河北上。约两三个小时，到达解放区的前沿哨所，有两个穿灰色军装的新四军战士前来盘查，对我带的小字典好奇地翻看了一下，便让我们继续前进了。

又航行了一段时间，船抵高邮，顺利找到了舅舅的住所，第一次见到臧文舅妈和襁褓中的晓文表妹，不一会，舅舅下班回来，阔别多年的亲人又重聚。那时舅舅风华正茂，意气风发，工作特别忙，难得有时间陪我们。黄笛初很快就循原路返上海回长沙了。舅舅有时晚饭后带我在高邮城墙上散步，给我介绍一些解放区情况。不久，他就安排我随一艘运送文工团员的机动船到达淮安，在盐阜报社见到了久别的妈妈，我所熟悉的她的慈爱笑容，又像灿烂阳光一样照耀在我面前。

在妈妈处住了几天，期间还参加过一次报社晚班同志吃夜宵，感受到他们工作集体亲密欢快的气氛。大约在5月初，妈妈陪我步行到淮阴华中建设大学，找到夏征农副校长（记得当时他身边有只大狼狗），没费周折便办好了报名手续。填报名表时，我把自己的名字由邓至忠改为邓亭（邓亭二字并无大意，只是借"洞庭"的湖南谐音表示我是来自洞庭湖边的人。五十年后，我请人为我刻了一枚闲章，自号"湘江孺子"，并有诗云："人生要义初领悟，湘江孺子已成翁"。这是后话）报名后，妈妈自回淮安，我在建大招待所住下来。与我同住一室的是名叫李振声的老大哥，他是来自上海的排字工人，为人和蔼可亲，那几天正是红五月的劳动节、青年节及学习节（5月5日马克思生日），他就把这些节日的来历告诉我。节后入学考试时，我们俩人坐一张课桌，政治题我抄他的答案，数学题则他抄我的答案，结果都顺利录取了。

华中建大自1945年5月起已经办过两期，校址于1945年9月迁入淮阴，为适应战后和平建国新形势，1946年3月开始的第三期计划办成一所较正规的多学科新型大学，设工、农、医、文、师范、社科六个学院。我去时尚未正式开学，统称预科部，分五个补习班，后来学生增多，重组为八个班，我分到六班，即文科班。

从5月到7月，是轰轰烈烈的学习热潮，我满腔热情地投身于这种新鲜的、充满活力的生活。学校没有什么正规的课堂，每人拿背包当板凳，就在树荫下上课。教语文的是大胡子车载老师，教材是赵树理的《李有才板话》；教英语的老师姓易（也可能姓屈）；上政治课都是在广场上听大报告，报告人有校长李亚农、教务主任孙叔平，还有教务处的一位瘦瘦的戴眼镜的老师，湖南口音，名叫张一夫。当时课外活动也很活跃，我学唱了《解放区的天》《你是舵手》等革命歌曲，参加了丁芒同学主持的诗歌组。同组同学记得有鲁明、谈培章、沙堤、余坚等人。

值得一记的是，这期间学校的日本医生查出我体内有寄生虫，吃药驱虫后，我的食欲大增，也不偏食了，身体逐渐发育壮实起来，为适应尔后的战时生活打下了必要的体力基础。

可惜好景不长。蒋介石不顾全国人民和平建设的愿望，在美国支持下，忙着调兵遣将，内战阴云直逼解放区。5月底即开始有蒋机来淮阴骚扰，6月6日学校暂迁淮阴东北的徐杨庄，7月初学校抽调了一百名学生参加水上运输支前工作，李振声也是其中的一个。为了备战，各单位纷纷来建大选调学员，其中就有似与我有不解机缘、并成为我终生归宿的这个单位。

且说1932年中央红军三次反围剿胜利后，曾希圣领导的军委二局，凭借缴获的收发报机和战场残留的敌方密电资料，经过明密对照、摸索试验，第一次破开了敌军的密码，使我军的对空情报侦察工作由窃听敌军的战术行动发展到掌握敌军的战役动向，包括敌军的番号、驻地、兵力、分布、作战意图等机密情报，正式开辟了我军无线电技术侦察中密码破译工作的先河，在第四、第五次反围剿战役中建立了奇功。特别在1934年10月开始的长征途中，在极端困难的情况下，为保障红军摆脱追兵、避实就虚、迂回曲折、突破重围，最后胜利会师陕北，居功厥伟，被誉为"党的耳目""夜行中的灯笼"。堪称为最核心、最可靠、最迅捷、最安全的情报手段。是指挥部能"用兵如神"的重要依据。

由于党中央体察到了这一秘密武器的神奇作用，便积极予以发展，除中央技侦机构——军委二局外，又陆续在各战区建立了这项工作。1939年12月，曾希圣派二局副局长胡立教到新四军军部负责筹组，因为是居山上的三科而取名为"三山办公室"。最初调集的人员有尹耕莘、顾雪卿、林影、张本清等人。皖南事变后，这批人分散转移到苏北，于1941年6月成立新四军司令部胡立教办公室，后改名调查研究室，胡立教任情报处长，尹耕莘任调研室主任。1945年底，新四军军部兼山东军区司令部（司令员陈毅）及军部机关迁至山东临沂；同时，新四军苏浙军区北移部队与苏北部队合并组成华中野战军（简称华野、司令员粟裕）。为了适应野战机关一分为二的需要，原军部技侦单位亦一分为二，留在山东的仍为情报处下属的调研室（室正副主任尹耕莘、匡思贤、石昂），划入华野的部分称华野情报处（处长朱诚基）。这就是下面要说到的先后到建大来调我的同一性质的两个单位。

　　正当形势突变、建大学员连续调离之际，有华野情报处的吕履福同志来找我谈话，希望我去他们单位。我当时一则想当作家的心尚未死，二则听说可能要搞无线电工作，而这正是我的一块心病。因我小时在家曾听说，杨荣国的弟弟杨润湘因搞无线电工作而患上瘆病亡故，我脑中便种下了对无线电的恐惧感。因此我拒绝了第一次的调动。此后两天，眼看同学们都服从分配、兴高采烈地奔赴工作岗位，自感我的态度落后了。

　　面临战火，作家梦已做不成。这时，调研室的顾雪卿同志来调我，他的思想说服工作比较到家。首先，他用我母亲抛弃优裕的家庭条件投奔革命的例子来激励我，并针对我的心理和顾虑，向我许诺不会搞无线电，不会上前线，工作与文学有联系，有大米吃，有辣椒吃，单位有湖南同乡等等，于是，我同意到他的单位工作——虽然当时他并没有告诉我具体的工作内容。

　　我马上作出发的准备，主要一件事是向妈妈辞行。那时，我只知道妈妈已调到华中妇联工作，但具体地点并不清楚。凭着我的一片赤忱，经过一天跋涉，边走边打听，黄昏时刻终于在一户独立的农舍——华中妇联临时驻地，找到了妈妈，和她在一起的有妇联主任章蕴同志。母子两在场上边乘凉边谈心至深夜，妈妈用切身的体会反复叮嘱我在艰苦环境中锻炼与改造自己。第二天清晨，她凑了四块零用钱送我上了路，母子一别又是四年。

　　这次，与我同时调往调研室的还有杨启（张志遐）、薛敏、王子珍共四人，其中只有王子珍是来自解放区（睢眙）的党员，余三人都是来自国统区的非党员。顾雪卿给我们留下一个警卫员和一匹骡子，他自己骑马带马夫先走了。我们在警卫员带领下，行李由骡子驮着，步行向山东进发。当时正是汛期，出淮阴不远便是一片水淹地，越向北水越大，脚下不见路，只能跟着骡子趟水前进，天还不时下着雨，行李被服吸水后越来越沉，骡子驮不动了，人也疲惫不堪，只得将行李精简到最低限度，我的箱子、皮包、书籍、日记本、集邮本等都忍痛舍弃了。

经过多日艰难的水中跋涉，终于到达山东地界，路也好走了一些。这晚，我们借宿在一农家的牛棚内，地上铺了些麦草之类作床，人十分累了，不顾蚊叮倒头便睡，谁知半夜里梁上掉下一只蝎子，刚好掉在我左臂上，螫得我剧疼难忍，用右手去扒，右手腕又被螫了一口，左臂马上肿得像小腿般粗，连日辛劳，又逢此意外打击，我不禁呜呜哭了起来。同志们都来安慰我，用布条把肿臂扎起来，第二天警卫员还向老乡借来一条小毛驴让我骑。一天光景，手臂便消肿了。

随后到了郯城，中午停下休息，我在路边小摊上买了只馒头充饥，因馒头上停着几只绿头大苍蝇，我便把馒头外面那层皮剥去，谁知王子珍竟捡起来吃了，并批评我浪费，这是我第一次遭遇的观念冲突。

经过一个多星期的艰苦行军，8月中旬终于到达了目的地临沂——山东军区情报处调研室所在地。一进村庄，只见窗口与屋顶都挂着天线，我便知这单位是搞无线电的。晚上睡下后，我口无遮拦地发开了牢骚，说共产党也骗人，说共产党与国民党没有什么区别。王子珍理所当然地向上作了汇报，室领导匡思贤、石昂亲自找我谈话，对我进行了教育，但我仍心存疑虑。接下来我们都被编入刚成立的教导大队二队，我和王子珍分在同一个班，我们穿上了新的土布黄军装，意味着正式入伍了。来调我们的顾雪卿是副大队长兼二队队长。教导大队的驻地开始在临沂双候，后来搬到柴庄。1946年9月至1947年4月在教导大队的学习期，遂成了对我具有历史意义的思想转型期。

　　人虽到了部队，但我搞文学的初衷仍未绝望。教导大队的思想教育开始后，我对政治学习不感兴趣，刚好队部在打听谁会刻钢板，我虽从来没有刻过钢板，想这倒是逃避学习的机会，于是说我会，队部便把刻写教材的事交给我了。要一字一字地刻写，就必须一字一字地细读，这样，我就把《反对自由主义》《为人民服务》《共产党员修养》《新人生观》等所有学习文件从头到尾读了一遍。这是我第一次接触这类读物，它说的道理浅显明白而意义深刻，我一下为其吸引住了，我觉得许多话就是针对我说的，自由主义的几种表现我都有份，这不能不引起我的思想斗争，开始看到了自己思想上存在的问题。于是我的学习态度转向积极，愿意参加小组活动联系实际讨论问题，逐步融入到集体的学习生活中了。但是，思想深处的根本问题还未解决。

　　队里又专门为我召开了一次小组会，顾雪卿队长亲自参加。晚上，昏暗的灯光下，同志们都端坐床沿，我却斜躺在床上，不以为然。顾队长的发言，从批评我的傲慢态度开始，讲到我母亲如何把个人利益服从革命需要，归结为我的问题是人生观、世界观问题。这次会议击中了我的要害，促进了我思想的真正转变。我感到男子汉应该勇于面对真理，知错就改，我不是落后分子，我必须对得起我妈妈。于是，我从思想到行动，都有了新的进步，小组和队部及时给我肯定与鼓励，更坚定了我前进的信心；我认识水平也有所提高，视野变得开阔了，对以后分工干什么，搞不搞无线电，觉得不值得计较了。

　　在迎接1947年新年活动中，我根据国民党召开伪国大的新闻，编写了一出名叫《猪仔国大》的时事讽刺剧，由我们队学员在简陋的土台子上作了演出。说明我当时生活得很活跃和快乐。

　　教导大队的学习生活已近尾声，每人都进行了思想总结，填了家庭情况表。我填家庭出身一栏时,只按一般标准考虑到我的经济来源是外婆家,便如实填了"地主兼商人",而不懂得应该把决定我政治倾向的因素、即我的母亲——革命干部作为家庭出身的选项,谁知这一误竟成了文革期间套在我头上的紧箍咒。后来,连刘志诚同志(曾长期担任军区组织部长,文革前派来五局当政委)了解了我的情况后也认为,我的家庭出身应该是"革命干部",但此时已是事后诸葛亮——无补于事了。

结业前的最后一个节目是发展新党员,我也是发展对象之一。队部指定都峰(班长)、王子珍为我的入党介绍人,小组按程序通过,支部很快批准我为预备党员。自1946年4月离开上海到1947年4月的一年时间,完成了我人生道路的质变,我从一个政治上幼稚无知的学生,转变为一个具有初步革命认识的共产党员,这是我始料莫及的,却是我妈妈最期待于我的。

四、神秘而神圣的事业(1947—1951)

1947年4月教导大队结业后,学员们被分配到各个工作岗位。当时,调研室的业务部门主要有三,即无线电侦收、密码破译和技术装备(主要是无线电侦收设备)的保障。密码破译处又分研究与校译两个机构,前者负责新密码的研破,后者的任务则是已破密码的译电与校对,即日常情报出口。我被分配到研究科,同时分到研究科的还有杨启(张志遐)、韦廉(韩文渊)、傅文如、盛戟四人。不约而同,我们五人都是来自国统区的。后来一看,科里的老同志如周圣洋、张本清、石岗(时冲)、徐充、蒋旦萍、季珏林、何一风(吴一峰)、张颖等都是来自苏浙沪皖一带国统区的,即区别于农村干部的所谓"洋包子",彼此感到很相投。

在接受了关于工作性质、任务、要求及基本业务知识的简单教育后，我们便开始了工作实习，技术训练是结合着工作任务边干边学的。当时，我对这个从来没有听说过的工作充满了新奇感和神秘感，因而也充满了浓厚的兴趣，这促使我一门心思地投身到工作中去。记得第一次练习是寻找密表中当指标用的代表码，几个学员中我找得最多，他们说我运气好，其实是因为我非常专心，我总是充满信心又很细心地找，几分耕耘便有几分收获。

回想我从事研译工作数十年的基本经验，说也简单，无非就是信心加细心这两条。我认为这种精神状态，对于我们这种探索性的职业是极其重要的。

其时，蒋帮军事密码虽是其整个密码体系中最强的，但总体上仍处在手工作业阶段，主要在特制密本坐标码的变化上搞花样，看似复杂，其实仍有规律可寻。我参加侦破的第一个密码名叫"弹唱奏舞"，是当时战场上的蒋军正在使用的主要密码，通过从突破到扩展到还原的全过程实习，我初步掌握了这类密码的破译方法，开始独立承担破译任务。后来，蒋军随着其战场上的连连失败，加速了密码的变换和升级，我陆续参加了来去本密码的破译和密本加表的双重作业密码的研译。

在最紧张的1947年粉碎蒋军对华东战场重点进攻的各个战役（包括鲁南战役、莱芜战役、孟良崮战役等）中，我们技侦工作无攻不克、无坚不摧，破译了迎面交战敌军的所有主要密码，全面而及时（有时甚至是超在敌军之前）提供了敌军密电情报，使我军能避实就虚、出奇制胜，不断歼敌有生力量。1948年转入反攻后，配合豫东战役、济南战役和淮海战役，我们都圆满完成了任务，除得到三野首长嘉奖外，还受到和三野并肩作战的二野首长刘邓的来电表彰。而随着敌军成建制地被歼，我们也不断地缴获到敌人的现用密码，为破译工作提供了有利的参照条件。

在大兵压境，战局险恶的1947至1948上半年，我们随指挥部转战于山东各地，用脚板量遍了蒙山沂水，夜晚行军白天工作，刚卸下背包就摊开工作面，争分夺秒地破新密。我经历过一夜走百多里山路、边走边睡的锻炼，啃过发霉的高粱煎饼，在负20多度室温下照常工作，忍受过无帐睡眠时的蚊群叮咬，抢渡渤海湾时遇到过敌舰尾追的险情。

那时，一切为了战争的胜利，什么艰难困苦均置之脑后，支持我克服这些未曾料想的困难的简单信念就是：别人能克服的我也应该可以克服，我不比别人缺胳臂少腿。同志们齐心协力、个个争先。虽然我们没上第一线，未打一枪，未掷一弹，但我们用自己的辛劳和智慧，在隐蔽战线上进行了一场持续的殚精竭虑、身心高度紧张的特殊战斗，为指挥员提供了克敌制胜所必需的及时而可靠的情报。当我们目睹蒋介石亲授的战略部署与作战命令在我们手下显形，敌军的兵力配置、装备种类、行动路线、辎重状况直至联络暗号（口令）无不被我们了如指掌，内心真有说不出的无比自豪与欣慰。因此，这段时间可说是我一生中物质上最艰苦、而精神上最充实、最亢奋、最痛快、最纯净的"激情燃烧的岁月"，值得永久怀念。

今日的历史书上，描写解放战争奇迹般的胜利，明写者皆言将士的英勇、指挥的英明、人民的支持等等，殊不知在指挥员"用兵如神"背后，有一件鲜为人知的神秘武器，即技侦情报保证系统，它使指挥员知己知彼，耳聪目明，从而达到指挥若定。如果没有这项工作，整个解放战争的进程肯定不是今天所知的这样。我能将青春献与这项工作至今仍引以为荣。

1949年春，（这时我们已移师扬州）为了配合渡江战役，开辟了蒋海军——主要是江防舰队密码的侦破，我调入这个组（后来发展为海军科），担负起海军方向的开辟任务。通过我们夜以继日的突击，终于摸清情况，攻克敌堡，从情报供应方面，保证了渡江战役的胜利。渡江战役之后，敌军的密码和它的部队一样，都呈全线崩溃之势，残兵败将，不堪一击。南京、上海相继解放后，我军缴获大量密码资料，使我们对蒋介石编码机构（国防部第二厅）的技术状况有了更系统和全面的掌握，也就提供了跟踪其发展变化的有利基础。

我们单位是1949年4月渡江的，先在丹阳配合解放上海之役，后到常州待命，最后决定我们随华东军区（后改称南京军区）长驻南京，定点在高楼门62号原国民政府公路大厦。在南京我们喜逢新中国开国庆典。这时原调研室与华野情报处合并为华东军区二局，人员有很大变动，我仍然留在一处（破译处）海军科。

1949年冬，组织上照顾我，让我随局首长去北京参加二五局会议（即全军技侦工作会议），实际上是给我一次看望母亲的机会。母亲当年从苏北撤退到中原地区，经历了艰苦战斗、出生入死的岁月，1948年由宋任穷、章蕴介绍同刘子久结婚，北京解放后随刘调全国总工会工作。我在欢庆胜利的气氛中与妈妈重逢，第一次看到和蔼的刘伯伯，内心喜悦自不可言。这次在北京的一个意外的收获是学会了骑自行车。

1950年春，为了配合解放台湾，二局对台陆海军技侦单位开赴福建前线。当时，福建尚无铁路，我们从上饶换乘军用卡车翻越险峻的武夷山抵达解放不到半年的福州，在南台的两幢民宅中驻扎。翌年搬至中房新营房。

那时，蒋海军为了固守台湾的通信保密需要，刚启用了一种叫"复式加减"的新型密码。我甫抵驻地，铺盖来不及打开就投入工作，经过连续几昼夜绞尽脑汁的分析探索，在一天深夜刚躺到床上时，忽然悟到所谓"复式加减"的诀窍，顿时起床验证，果然不出所料，从而导致敌人这一新创密码的全线突破，这也成为我研译生涯中比较得意的一页。

基于我工作中的表现，不久便被提升为海军科正连职副股长（科长时冲），负责主持蒋海军密码的破译工作。

在繁忙、紧张的战斗生活中，技侦战士们也有忙里偷闲、自得其乐的时刻。由于我们科担负的是新密码侦破任务，当所有现用密码均已破开交付译校科转入日常情报处理程序后，我们工作便会出现短暂的空隙，这时，我们便会因地制宜地开展一些文化娱乐活动。最有群众性的是教唱革命歌曲，如文工团来演出《白毛女》《王贵与李香香》后，我们便学唱了剧中的主要歌曲。我们还自己动手制作扑克牌玩，到随军图书馆借小说看，我读《安娜·卡列尼娜》《战争与和平》及屠格涅夫的名著，都在那个时候。渡江后驻扎常州期间，我们排演了苏联话剧《前线》，演过我编写的讽刺国民党溃逃丑相的活报剧《逃命》，当然，这都是自娱性质，完全业余水平的。

1951年初在福州时，我写了一个反映知识分子思想转变的小话剧，名叫《形势变了》，在内部排演后，七兵团文工团拿去加工演出，并作为到上海参加华东话剧汇演的剧目，结果被熊佛西批评为写落后转先进的坏典型，一棒子打死了。此后，我也知难而退，不再涉足此道矣。

在战争年代，由于我们工作成绩斐然，经常受到上级的褒奖，领导上对我们有不少特殊的照顾。如长期实行的技术津贴制度，技术干部除一般的生活津贴外，还有一份相当几斤猪肉钱的技术津贴，放在集体伙食中打牙祭用。直到60年代经济困难时期，国家还每月按人头发给我们若干斤黄豆以补充营养。战时，我们还有个"百密纪念"制度，即破译到一百个以上密码时便举行一次庆祝活动，有会餐还有首长来讲话。陈老总（陈毅）是经常的，张云逸、邓子恢、饶漱石都来做过报告，他们讲形势、讲任务，令人眼界开阔、精神振奋，是最受欢迎的思想教育。此外，有时还发给我们诸如美制罐头、衬衣、毛毯之类的战利品。1948年济南战役后，我们行军便不再步行，而是改乘汽车或火车了。

至于我个人因工作成绩突出受到的奖励有哪些，我已记不完全。只记得1952年因破"复式加减"被华东军区陈毅司令员授予"考绩"一等奖。50年代"大跃进"及其后，我们单位已划归南京军区建制，有了统一的立功制度，我多次立过三等功。但平心而论，那些功都是掺了水分而不足挂齿的，只是乐得我妈妈在接到立功喜报后请了不少次客。（直到1979年我们取得一次历史性胜利后，全处记集体二等功，我个人立三等功，就是我最后立的这次功，才可说是货真价实、问心无愧的。这是后话。）

　　在职级待遇方面，我一般也都走在同辈的前面。1955年全军实行军衔制时，定我为大尉正营级，1958年我晋升为少校军衔。1953年11月我由总参三部任命为四级研究员，1958年8月27日经总参〔干任字第905号令〕任命为研究员。1960年1月14日我在北京三座门参加了贺龙元帅为三部举行的祝捷宴会，1962年1月5日我以总参三部研究员的身份出席了周恩来、陈毅等国务院领导同志为首都科技工作者举办的新年宴会（宴会上最解馋的菜是红烧肉），聆听了他们的讲话。这些，都增加了我的荣誉感和使命感，使我从内心热爱自己的工作。

　　80年代改革开放以来，随着部队正规化建设的发展，技侦工作的成绩也能获国家科技进步奖，有贡献的人员照样享受国务院特殊津贴，恢复军衔制后我们处（虽然只是团级单位）已产生了两名少将，特别是2001年由中央军委授予"科研攻关先锋处"光荣称号，这些表明技侦工作的地位已实至名归地跻身国防科技之列，我们自己即使已功成身退，内心仍是感到宽慰的。

　　回顾那段难忘的岁月，也有一些不愉快的事情。由于我只顾抓技术，只顾自我修养，不善于也不重视搞好群众关系，不屑于讨好别人，不免引来物议。1951年评选模范工作者时，科里因我工作成绩突出提为候选人而未获通过，评选会变成了对我的批判会，主要指责我不关心群众，缺乏群众观念云云，我开始感到一种狭隘的农民意识的无形压力罩在我头上，这是我再一次遭遇到的较大的观念冲突。

总的说来，从解放战争到建国初期，我政治上是被信任的，工作上是受重用的，因而心情上还是舒畅的、思想也是无忧无虑的。

关于我投身的这一神秘而神圣的事业，今天回过头来看，它实质上是一种探索未知的科研工作。它在长期的斗争实践中，形成了一套独特的职业规范与优良传统，对我有着终生受益的积极影响，如：认真敬业的工作守则，艰苦奋斗的工作作风，与时俱进的革新精神，实事求是的思维方法，调查研究的工作态度，严谨慎密的办事风格，积累资料的良好习惯等等。

从后来这个单位转业到地方工作的人员表现来看，他们的职业素养一般都受到较好的评价，便是证明。而这些传统的形成，又应归功于我们这个集体的良好的学习氛围。记得1952年统一组织的《实践论》《矛盾论》学习，由梁德圻同志上辅导课，结合我们工作实际学哲学、用哲学，接受了实事求是观点与对立统一观点的启蒙，有助于提升我们的思想水平，至今犹觉得益匪浅。

当然，应该承认这个单位同时也存在着职业性的局限，即由于实行严进严出的封闭式管理，使成员易脱离社会实际，视野囿于较狭窄的天地，看问题简单化、理性化，不谙人情世故。这对于我这个本来涉世不深又书生气十足的人来说，原有的弱点更加积重难返。

五、我的她和我们的家（1951—1957）

随着战争的发展和我们工作规模的扩大，不断有新人补充到我们单位来。特别是入城初期，经中央特批，我们单位从上海及苏、浙、皖城市陆续选调了几批优秀青年学生进来。按照单位内部的不成文法，机要技术人员应尽可能在内部择偶。那时，我们之前的老同志与我们同批的女同志均已自行组合，这批新同志中的女性自然成为我们物色意中人的目标。

1951年8月，又从南京训练队送来福州24名新学员，其中女的12名。在欢迎他们的联欢演出中，一个很活跃且面容娟秀的女孩吸引了我的注意，但我不便打听，自此心中留下了印象。这时在饭堂新贴的座位中发现了一个叫寿勇的名字，觉得这个姓很怪，以为是男的。后来慢慢才把二者连上了等号，但可惜她没有分到我们海军科（楼上办公），而是在陆军科（楼下办公），缺乏了解和接触的机会，只能把认识她的愿望埋在心里。

随后，在全处的周末舞会上开始有所接触。局的报刊阅览室则是我俩业余时间都愿去的地方，虽然无言语交流，但在那儿我已感受到她友好的目光，令我信心倍增。那时我已在营以上干部就餐的中灶食堂吃饭，从其他领导同志饭间闲谈中，我零碎地听到她一些情况，逐步加深了对她的好感。但是，有次忽然听说她有个志愿军男朋友在和她通信，言者无心，听者有意，顿时对我有如当头一瓢冷水，从想入非非的云端跌到了平地，也第一次知道了自己胃脏的位置——突来的忧伤导致了胃疼。

暗自苦闷过一阵子以后，相遇时感觉她对我的目光仍如以往一样"道是无情却有情"，心想可能是我自己过分敏感了，看来希望还是有的，几经考虑后决定主动试探一下。于是，我写了一张纸条，明确表达了希望与她交朋友的意思，请陆军科蒋旦萍科长转交给她。隔了几天，收到了她的回条，简单表示"保持一般的同志关系"，使我摸不清她到底怎么想的，只有耐心等待好运。

直到1952年初夏的一个周末夜，月华如洗，我正从集体宿舍（当时一处男同志住楼上，女同志住楼下）出来，她迎面而来，悄声向我提出：我们谈谈好吗？我受宠若惊，于是在营区山坡上僻静处开始了我们第一次正式交谈，揭开了我俩人生的新一页。

这一夜，我兴奋得无法入眠。

此后，我们又有几次促膝谈心。但时隔不久，由于解放台湾任务延缓，我们单位分两批撤回南京，她随陆军科于8月份先走，我年底才到。这时我们的关系才完全公开，业余活动出双入对，参加军区组织的社会主义建设讲座时我们并席而坐。我们彼此详谈了自己的经历和家庭情况，我还领她见过在南京的外婆和舅舅，她正式进入了我的生活。随着相互了解的加深，我确信自己找到了一个理想的伴侣。

寿勇，原名寿丽英，1931年7月19日生于上海南市区一个油漆师傅的家。当时她外公在南市区经营一个油漆作坊，其幼女黄秀金在糖果店做包装蜜饯的小工时，因与有家室的郑姓采购员有染而怀了孕，外公便将她嫁与自己的徒弟寿南椿。寿南椿在诸暨乡下原有遗弃的瞎眼妻子与儿子。与黄秀金结婚后靠自己的手艺挣钱，家境还算不错，在丽英之后又生了几个弟妹。

1937年"八一三"战事爆发，上海呆不下去了，寿南椿带着全家逃难回诸暨老家，家当损失殆尽。寿南椿失业加上患病，家中添丁，生活只有靠变卖首饰和黄秀金出外跑单帮来维持，经常饥一顿饱一顿。这时，已知事的寿丽英，一方面在小学努力念书，一方面开始挑起照顾弟妹的重担，除家务外，还得和丽敏妹出外打柴和采野菜。少年的她，已有了"人穷志不短""靠自己劳动吃饭"的思想。好不容易熬到抗战胜利。

1946年3月，她爸带她到上海，原想自己能找一份工作，因病情加重返回乡下不久就去世了。她住在上海姨妈家，首次明白了自己的身世并遭受到"私生子"的人格歧视，激发了自强的决心。6月份经人介绍到华阳纱厂筒摇车间当童工，从此，15岁的她就成了全家生活来源的主要负担者。她辛勤劳动、省吃俭用，还到夜校发奋学习文化。工人老大姐的关怀,使她深深感受到劳动集体的温暖。

总的说来,旧社会时期的她,精神上受到生活贫困与人格歧视的双重压抑,转化成为要求改变命运、追求进步的动力。上海解放以前,她已参加了党的外围组织"工协"发起的发传单、义卖、募捐等活动。临解放时参加了护厂队和救护队。

1949年5月上海解放后,她成了工厂的工会组织委员和第一批共青团员,同时任团支部书记。同年7月,华东军政大学第一期在上海招生,她完全够报考条件,但碍于弟妹无人抚养的难题,不得不放弃这个机会,(如果那次应招了,今天也就成了离休干部了。)后来虽又有团校、公安学校、纺工院来招收带薪调干生的机会,但她在唯参军最革命、最光荣的思想指导下都不愿去。

1950年"二六轰炸"后,在号召工人踊跃参军、解放台湾的形势下,军大第二期(工人团)公开招生,她忙将15岁的大弟从乡下叫来,冒充工人,改名寿靖,年龄虚报为18岁,和自己(改名寿勇)一道去报名。寿靖面试时即坦白了自己的真实情况,结果还是都录取了,姐弟两人双双成为军大学员。1950年3月参军后,在一次领导表扬她学习成绩时,她反映了自己的家庭困难,组织上便设法将她妹妹寿丽敏调入工厂,接替她承担起养家的重担,她才基本上解除后顾之忧。10月抗美援朝战争爆发,第二期军大提前结业,年底姐弟俩同时分配至华东军区通讯学校(即我们单位的训练队)。1951年8月训练队结业,她被调来福州处,和我"有缘千里来相会"。她弟弟分在侦收处。

她的家境和经历,决定了她对新社会、对党的热爱,参军后在工作、学习、劳动、集体活动各方面都表现积极肯干、吃苦耐劳。特别是由于她在弟妹众多的贫困家庭当过大姐姐,体会过底层生活的艰难,感受过好心人关爱的珍贵,因此铸就了她待人热情、关心人、极富同情心、愿意帮助人的品格。她的这些优点,使她在新的集体中赢得了声望，而于1953年6月成为全处新学员入党的第一人。这不免招来某些人的嫉妒或为难，使心地单纯的她经常陷于苦恼，也成了我们初恋谈心时常讨论到的话题。

我们由相爱到相知，由相知更加相爱。当我把我俩的关系告诉在北京的妈妈时，她十分支持我们的结合，并强调工人出身的她有助于我的思想改造。她的妈妈这时也从乡下送来两条喜被。于是，我们于1955年元旦举行了简朴的婚礼，两人把行李铺盖抱到一起就算成家了。新婚之夜，我俩相约永不分离。婚礼时一件至今犹让我感到抱歉的事是，周中昭同志踏着厚雪来贺喜时重重摔了一跤。（这位厚道的老同志，文革支左时因心肌梗塞而猝死于皖南农村。）

我们婚后，她母亲即作为随军家属和我们一起生活；她幼弟文喜同时迁来南京，寄居于我外婆家上学。

在幸福感和责任感的交织中，1955年9月27日，我们有了第一个女孩。奶奶赐名"群"，是针对我的"亭"字有嫌孤单而取的，而且含有当年生肖属羊的意思。以后就叫小群——效群。1957年我们又得一男孩，因为生于元旦，取名元元。那时，我俩的工作都很繁忙，除雷打不动的上班时间外，业余时间全被文化学习所支配。我们分别参加了几门数理化课程，每晚上课，星期天做作业，无暇顾及家庭，两个孩子都是外婆加保姆带大的，远不如后来我们对第三个孩子或第三代那样亲历劬劳。但在当时那种安定、向上、学习空气浓厚的社会和家庭环境之下，孩子经幼儿园到学校健康地成长着，用不着我们多少操心。

那时部队刚由供给制改工资制，我俩的收入不算低，不抽烟、不喝酒，家庭负担也不重，除日常生活支出外，我们不吝惜文化投资，买书、买文化用品、买唱机唱片，玩照相，也给孩子买了不少书籍和刊物，让孩子自小受到文化气氛的熏陶。因此两个孩子从小就有读书的习惯。记得1964年暑假我带他俩到北京看望奶奶，一次奶奶下班回家看见小群坐在小凳上伤心地泣不成声，以为是乐文（我舅舅寄养的孩子）与元元欺负她了，便责怪这两个男孩。男孩不服，后来小群边抽泣边揩着泪答话："苦牛死了。"哦！原来她正在看《儿童文学》上一篇叫"苦牛"的小说，被主人公的悲惨命运深深感动了。

  由于孩子自己"要"，他们在学校成绩一直名列前茅。后来即使经过文化大摧残的"文革"，他们仍保持着好学上进的习气，不能不归功于幼时打下的基础。孩子读书上了正道，也就没有什么出格惹祸的事，所以我们从来没有打过他们，也不曾厉声骂过。我自己从小就是在外婆、妈妈、舅舅的爱抚下长大的，我相信爱的力量。当时有本苏联小册子的一句话引起我深深的共鸣，它说"儿童的心灵是用爱的钥匙去打开的"。我们用知识启迪孩子的智慧，用爱润育孩子的心灵（也许可以称这是"赛先生＋德先生"说法在家庭教育中的应用），我们用自己的行为让孩子感受到父母的爱，我们的家庭充满着温馨的亲情，孩子们之间亲密无间，从无龃龉、磕绊之事，延续至今，他们对彼此的子女亦视同己出。好学上进、团结友爱已成了我们的家风，这是我们这生引为欣慰的事。

  这儿顺便提一下照相的事。我的姑父刘禄长——刘爱蓉的丈夫，建国初期已是四野的一位炮兵师长，他们送给我妈妈一架缴获的德国照相机，妈妈发现有毛病不好用，便托人带给我。我在南京修好后便用它学习拍照。那时只有苏联产的黑白胶卷。由拍照发展到自己印照、放大。这在当时显得比较突出。加上曾因缺布票花高价买了条鸭绒被，等等事情，在后来的政治运动中，都成了我"资产阶级生活方式"的表现而受到批评。那是一个不大能容忍与众不同的年代。我妈妈曾告诫我，要学会掩藏自己的幸福，这话意味深长，可能也是她的经验之谈。

  建国初期，整个国家欣欣向荣，我们的生活较之供给制、较之旧社会，已经大大改善，我们非常知足。在实行休假制期间，我们多次上北京及去杭州，按规定路费可以报销，但我们从来没有报过。总觉得为了自己的私事，给了假期就很不错了，再要公家出路费说不过去。每年发的军衣和解放鞋，我们都穿不了，后来就放弃领取。国家号召为抗美援朝捐献飞机大炮、为农业机械化捐献拖拉机，我们踊跃响应甚至倾囊捐款。粮食困难时期，我们曾把因饭量小而历年积存的粮票悉数上缴。驻上新河时，有次我骑车去粮站买回一个月口粮，外婆一过秤，说多给我们了，我二话没说又把口袋驮回粮站，将多给的部分退掉。

那时，我们的思想确实非常单纯，凡事先替国家着想，以计较个人利益、看重金钱为庸俗。80年代中期，小群转业来沪时，我见上海住房那么困难，便向转业办主动提出我们可以不要分房，被讪笑为"迂"，实是我过时的思维定势的反映。由于有这样共同的价值观，因而在我们家庭生活中，从来没有为经济问题发生过矛盾或争执，双方的收入搁在一起，谁都可以取用，大的开支有商量，小钱互不过问。我年轻时曾经作过清高的自诩"远离铜臭，近沐书香"，这辈子应该说是基本做到了。

当我写此回忆录时，我俩的婚姻已近半个世纪，我俩的感情愈老弥坚。我们相依相伴走过了大半生，从未发生过思想感情上的裂痕，即使在"文革"中最困难的时期，我们也选择了同甘共苦、誓不分离。

我们这棵婚姻之树何以长青？我想，最主要的原因是，我俩都受过党的传统教育，有着共同的事业，我们在基本的为人之道方面有着共同点，如：我俩都崇尚善良、忠诚，讨厌邪恶与虚伪；认同好学上进，倾慕真才实学，藐视不学无术与夸夸其谈……可说是真正的志同道合。我们还以这种言教和身教影响子女。当然，我俩也存在矛盾的一面，主要是由于文化背景差异而形成的性格和素养的不一致。如我内向，她外向；我慢条斯理，她急性子；我含蓄，她心直口快；我待人冷淡，她热情洋溢；我孤僻，她合群；我软弱，她刚强；我懒散，她勤劳；等等，在大方向一致的前提下，这种个性的差异没有成为我们夫妻关系的主流，相反有时还能起互补作用。因此，不论是锦瑟年华，还是风雨中年，我们始终能互相理解，互相信任，同心同德，配合默契地携手前行，成为人们称道的一对般配夫妻。

六、"左"害为灾（1957－1978）

邓小平说："建国后，从一九五七年到一九七八年，我们吃亏都是在'左'。"（1987年7月4日）"根深蒂固的还是'左'的东西。……中国要警惕右，但主要是防止'左'。"（1992年1月18日－2月21日）。我所在单位虽有与世隔绝的"保险箱"之喻，但同样受到"左"风的侵害。"左"害不仅使事业大伤元气，我们身心亦遭受无端伤害，荒废了大有作为的宝贵年华。

早在50年代初期，我们在福州时参加的"三反五反"运动，已露"左"的端倪，虽然我们是不沾钱财的清水衙门，也硬要在后勤人员中揪"老虎"。随着"以阶级斗争为纲"指导方针的确立，我们这个已被指责为"知识分子成堆""一窝小资产阶级"的技术单位，自然成了抓"阶级斗争新动向"的重点目标，自上而下否定技术干部、抹杀单位历史的极左偏见应运而生。典型的例子是将总参三部个别单位"政治思想工作薄弱、骄傲自满严重、单纯技术观点严重"（简称一薄弱、二严重）的帽子套在所有三部干部的头上，一直不得翻身。

1956年下半年，在波匈事件影响下，我们处发生了"支部大会"事件，即在以发扬民主为目的的支部大会（当时全处是一个大支部上，出现了一些偏激的言论，这本是人民内部矛盾的正常反映。但到1957年反右派运动时被翻出来清算，为了凑指标，军区直属政治部硬将我处那次大会上几名冒尖者定为右派分子，其中包括与我长期共事、十分相知的张志遐同志。使我们难以理解。

1958年开始的"大跃进"运动，实际上是"左"的指导思想在经济领域的反映。工农业生产中的浮夸风与形式主义之风也刮到我们单位，在"放卫星""解放思想"的高压下，想靠鼓干劲、追求表面工作量的方法来解决面临的技术问题，为了学习空军机关这个所谓的"先进典型"，不惜用大量宝贵时间去打苍蝇、搞卫生，做表面文章。对于这些，我有本能的反感，但无可奈何，行动上还只能表现为不甘落后。大跃进的直接后果是经济衰退和大饥荒，由于部队粮食供应是优先保障的，我们技术干部还有黄豆补助，加以我家饭量小，所以受影响不大。

1959年春，我曾被派往汉口六局作技术协作代表三个月，由于当时整个工作路线脱离实际，这三个月除鼓足干劲、挑灯夜战外，并无实质性成绩。协作结束后，我趁机回了一趟长沙，并去益阳看望了我的生父王寿山。那时他处境已十分困顿，我尽囊中所有留了些钱给他，他将一床睡得发光了的旧篾席交我带回。这次，是我见他的最后一面。

经过60年代初期经济困难的报应，人们头脑似乎冷静下来。但庐山会议后取代彭德怀任军委主席的林彪，大力推行个人崇拜与空头政治，鼓吹"突出政治""四个第一""四好运动"，把部队工作全面引入"左"的轨道，施行不到十年的军衔制亦以"资产阶级法权"的罪名被废止。1964年因战略调整需要，我们单位被划归南京军区建制（改名南京军区五局，总参三部只负责业务指导）后，厄运更接踵而至。军区领导对单位的历史和特性缺乏认识，他们在"左"的思想指导下，戴着有色眼镜来改造五局。首要任务是"纯洁内部"，首当其冲的是改组局领导班子,派军区组织部长刘志诚来当政委,将威信很高的梁德圻副政委与业务指导处时冲处长调离。接着从部队调了一批基层政工干部来"掺沙子",大张旗鼓地开展社会主义教育运动,并选择我任科长的一处研究科试点,刘志诚亲自坐镇,使我承受着前所未有的精神压力。我不得不表示要努力学习、虚心改造,为了表明我的坦诚,我把自己的日记都交给刘志诚看。整天忙于检查单纯技术观点,但内心实在想不通,从此我就陷入了全面而持续的观念冲突之中。当时正值国民党对其密码系统进行了根本性的改革,这种政治环境使我们的业务工作受到严重干扰,人人自危,无心钻研,技术上出现了掉队危机。

不久就开始了文化大革命,极左狂飙,席卷全国,局面成不可收拾之势。初始受潮流裹胁,五局也开展了14天"四大"(大鸣大放大字报、大辩论),弄得思想大乱,秩序不存,严重危及保密,随即被军委列为不允许开展"四大"的正面教育单位之一。可是,树欲静而风不止,在南京城内是无法置身事外的。于是,军区命令五局全体人员、连同随军家属于1966年冬迁入安徽六安后方基地——新华村。

进驻新华村后,虽然避开了地方骚乱的直接冲击,但思想影响仍通过雪片似的小字报和小道消息渗透进来,我们内部人员依坚持正面教育与主张造反两种观点而分成两派。解放初期及以前参加工作的老同志大部分属于前一派,他们(自然也包括我们)希望保持部队稳定、坚持正常的技术业务工作。而1960年以后参加工作的"新"同志中的大部分则受地方上"造反"思潮的影响较大,对五局的过去持基本否定态度,主张彻底"砸烂"、改造,并把矛头对准军区领导人许世友,同时采取了贴大字报、静坐、绝食等违背正面教育的做法。他们人多势众,又有整个社会思潮的呼应,逐渐左右了局势,使正常工作生活秩序受到严重干扰,五局基本上陷于瘫痪。

这时，以尹、顾、张为代表的局的旧领导早已靠边，刘志诚因他在地方的儿子参与反许活动被撤查，军区先后派王歧秀（曾任许世友警卫员）、王玉柱来任局长，派田志民（司令部军务科长）任政委。新领导班子本着既定的"左"的宗派思想，对造反派否定与改造五局的主张是认同的，但对他们把矛头指向许世友和采取无政府主义的做法是不能容忍的。于是，军区从司政机关抽调一批干部加上新的局领导，1968年5月起在南京东郊白水桥兵营举办五局学习班，将五局全体干部分三批进行集训，按军区的指导原则开展大批判。既批判五局历来的所谓"独立王国""资产阶级科研路线"，也批判"打倒一切"（意指军区领导）的造反思潮；既有以尹、顾、张为靶子和对个别造反派头头的大会批判，也有人人过关的小会帮助。学习班结束后，便开始大刀阔斧的人事处理，将尹、顾、张以下的大批老同志（破译研究方面的元老一个不剩）以及部分造反激烈的新同志，按农场劳动、去五七干校、支左、转业、复员等不同去向纷纷调离五局，使五局这颗有着光荣历史的党的明珠受到严重摧残，真是伤筋动骨，元气大伤，工作成果跌到历史最低点。

文化革命对我本人沉重的当头一棒是母亲邓评的惨死。1967年11月下旬，我们刚搬到新华村约一年，正为内部的混乱局面而困扰，邓评突然寻到我的驻地。当时她在西安晚报社当总支书记并代总编工作，因不同意西工大学生造反派在头版头条刊登"革命的打砸抢万岁"通栏标题的要求，遭受连续批斗与体罚，不得已跑到我这里来暂避。但部队已有不得作防空洞的纪律，她来后很快就有人作了举报，我也不敢留她。她住了几天便于12月1日独自一人去北京邓建荣处，马上被造反派找到带回西安，12月10日被迫害致死。死因至今仍维持疑点甚多的"自杀"之说。

我当时接到的电报只有冷森森八个字："邓评已死，快来收尸"。这八个字如一声霹雳，将深植我心中的那株以亲情为枝干、以母爱为绿荫的参天大树彻底摧毁了，令我心如刀割、痛不欲生。

然而，在那种形势下，我又能做什么呢？除了暗自悲伤，我什么也不能做，我整个情绪低落已极，对工作、对运动、对命运都采取消极被动态度。

1968年4月，我奉命参加第一期五局学习班，作为"尹、顾、张的红人"加上我母亲及刘子久问题，我成了小组的重点审查对象。但他们抓不住我本人政治上什么把柄，只能"帮助"我深挖右倾思想根源，启发我揭发尹顾张的问题。可是，我从来习惯于实话实说，不会也不愿说违心的话，自我检查中可以就自己的思想认识问题尽量上纲上线，同时我也如实说了"我感觉张本清不像坏人"这样不合时宜的话。在安排我参加的顾雪卿批判会上，我一言未发。这些，自然令领导们大失所望，也就成为以后对我一系列严厉处置措施的肇因。先是没让我参加上北京接受毛主席接见的活动，意味着我已被划入另册。（虽然后来补偿性地参加了最后一批接见，却因时局生变而无功而返。）

当时，我的整个思想感情尚在个人崇拜的控制下，正为此事伤感之际，7月25日我们计划外的第三个孩子降生了，适逢迎送芒果的造神热潮，我们不无趋时媚俗地给她取乳名为芒果，学名肖芒。这个没赶上见奶奶一面的孩子，在我们随后那段最困难、最消沉的日子里，填补了我们精神上的失落，给予我们难有的安慰，因此，她也成了我们最娇宠的一个孩子。那时我曾出一个谜语给孩子们猜，谜面为我儿子的名字：邓元，谜底打当时上映的电影名，即《芒果之歌（哥）》。也算愁中寻乐。

1968年秋学习班结束回来不久，11月叫我脱离为之奋斗了前半生的机要技术业务，调到三宝墩局农场"帮助"工作。1969新年期间农闲无事，我不禁技痒，编写了快板剧《班长的困难》在晚会上助兴，于己则是苦闷中忘忧。农场的冬天是寒冷和漫长的，其时，大雪封山，天寒地冻，野狼逼门，孤灯夜读，前程渺渺，举目凄凉，使人不禁有林冲落难山神庙之慨。春季农场老兵退伍，我帮助写退伍鉴定，如何评介退伍战士优缺点是件棘手事，有的人不同意写上任何"不足"或"希望"，甚至连"能带着问题活学活用"的褒语因"带着问题"四字也通不过。在农场时我目睹了新的局领导是如何善于巴结军区领导的：下雪天农场战士猎到一只小野豹，局首长马上派车连夜送往南京供许司令下酒；农场突击采摘的第一茬春茶亦是送南京的贡品。这样的风气原五局领导是不会的，可能这就是他们被替代的潜在原因。

5月份我被处理到合肥大蜀山军区五七干校，边劳动边接受再教育。期间多数是果园的生产劳动，1970年4月起由干校派到肥西县南岗大队支农，主要是搞"一打三反"，调查原大队长的贪污劣迹；在"全民学哲学"运动中，我给大队干部上过普及辩证唯物主义知识的课，直到翌年我离开干校。

当年暑期，我在干校附近十五中就读的女儿小群，以品学兼优的成绩初中毕业，当时她还不足15岁。恰逢十五中摊派给干校在读生三个下放农村的名额，校方决定我家小群及张本清、王者（前线话剧团演员）家的孩子下放，这三个孩子的父亲都是被视为有严重政治问题者，反动的血统论无情地剥夺了小群上高中的权利。随后我们向在安徽省知青办支左的蒋旦萍同志了解到，不足15岁的孩子是不在下放范围之内的。惹不起可以躲得起，我们便将小群送到上海寿丽敏处暂避。年底，刚好五局有一批当小兵的名额，经好心同志的帮忙，小群也获得了去测绘大队当小兵的机会，才卸了我们这桩心事。

1971年初干校结业分配时，上峰曾授意将我与尹顾一起下放泰州农场继续劳动审查，干校党组织以我问题性质与尹顾不同，而争取将我改为分到江苏生产建设兵团。1971年2月，我到淮阴江苏生产建设兵团部报到时，刚调任兵团政治部主任的刘志诚接待我，虽然我和他地位悬殊，但当时也可说同是天涯沦落人。他奉命宣布我被安排在2师8团任副参谋长，并叮嘱说，像你这样的人就是应该到最艰苦的地方去锻炼。团的副参谋长是正营职，而我在五局早已是15级正团职，这种安排显然是带有歧视性的。随后听说，8团果然是全兵团条件最差的一个团，我既感到屈辱，也憋了一口气，作了艰苦奋斗的思想准备。

五局对寿勇原本作复员处理，刘志诚说兵团正缺女干部，寿勇便随我调到8团政治部组织股当干事。春节后全家老小五人搬到了江苏响水县新荡农场8团团部，住进了刚为我盖的三间简陋的泥地砖瓦房。我们当时已准备在这片荒凉的盐碱地上，就此度过下半辈子了。

三年来这一连串经历，从剥夺北京召见权利、被隔离下农场、分配到干校以至女儿受牵连、派到南岗支农、干校结业后差点与尹顾共命运、最终落脚在兵团最艰苦的地方，自问我一贯表现不差，莫说立功受奖不少，退一步说，本人从无任何反动言行，为何对我如此无情？这让我体认了"左"的势力肆意整人的淫威。

到8团后，第一仗是春雨连绵中抢收抢种，我不甘落后地和团部同志们一起泡在水田里，腿上叮满蚂蟥也不顾，赢得了第一印象。随后，团党委派我到团里有名的老大难单位——机耕连抓整顿，我通过宣传政策、发动群众、团结骨干、孤立落后、奖惩分明的办法，发扬了正气，压制了歪风，调动了干群积极性，团领导开始对我刮目相看。8团的秦文公政委和缪团长、刘副团长都是本分的正派人，我以自己的实际行动逐步获得了他们的信任，开始吸收我参加团党委常委会，把连续出现的团营领导干部猥亵、奸污女知青的几起案件都交我办理。所以，我在8团的大部分时间都用在案件的调查审理上。

作为副参谋长（1973年3月原参谋长调走后我升任参谋长），基本上没有管过农业。而当时8团农业生产的基本状况是产量越高则亏损越大。期间，我还负责过一次到盐城地区招收知青的工作，还带队参加了二师体育运动会，这对我都是有益的经历。林彪事件爆发后，我参加兵团在二师师部举办的学习班，被推举到大会作批判发言，我将心中积压了许久的为我母亲鸣冤泄恨的感情，倾注在对林彪反动干部路线的批判中，情真词切，理直气壮，获得了听众不错的评价。

在8团时，有次团里接到响水县人武部电话，说有个叫李庆成的妇女打听我的地址，问要不要让她来。庆成是我惠姨的女儿，在江宁县插队时下嫁村民，因不安心务农而到处流浪。我当时主要顾虑她父亲在台湾，白水桥学习班时已有人揭发过我这一社会关系，怕再惹麻烦，便告人武部打发她走了。今天看来，这是我在困难境况下的一种自私表现。

1973年8月，忽然一纸命令，将我调到淮阴清江合成纤维厂当副厂长。该厂是兵团新建的、当时可算是现代化的轻工厂，其工作生活条件都比农场至少高一个档次，没有过硬的关系是进不去的。这样的好事怎么会轮到我呢？原来是刘禄长从福州军区炮兵司令调任军委炮兵副司令后，1973年外出巡视路经南京，我专程去看望他，他从而了解到我的处境。他回北京后，碰巧延安时期的老战友、时任江苏省军区司令兼生产建设兵团司令的黄朝天去看他，他向黄提到我的事，于是，我的命运就出现了上述戏剧性的变化，由响水搬到清江厂安家落户。清江（淮阴）是我当年参加革命的起点，27年后重返故地，人事沧桑，不禁有隔世之感。

有意思的是，寿靖夫妇1971年亦直接调来兵团参加了该厂的筹建，厂建成后他出任生产科长。这时，我们两家又会合到一起，在一张桌上吃饭了，真可谓亲缘不绝。

当时清江厂的一把手李伏仇，是从兵团4师参谋长位置上选调来的，这可能与他曾经在上海当过工人的经历有关。他是一位责任心很强、为人厚道的长者型的领导。其时他正苦于厂领导层的部队干部中没有懂技术能抓生产的（副厂长中有一名地方干部，主管财务和供销，此人作风不正，屡犯错误，威信不高），当兵团干部处来征求意见时，他非常欢迎我调来。我们一见如故，十分相投，他把主管生产的任务交给了我。（后来他儿子李小虎与我家邓元成了好同学、好朋友，我们两家成了世交。）

我虽然对化纤工业完全外行，但愿意把它作为我的第二事业从头学起。我一边找书看，一边到现场对照着消化，一边向技术员、工人请教，对锦纶丝生产的原理与流程基本上有了一个概念，后来又到上海、江苏的化纤厂参观学习，就这样边干边学、走马上任了。当时，在计划经济体制下，国营企业只要稳定质量和产量，不出大问题，就可保证赢利，日子也比较好过。那时厂里有二十多名华东纺织学院和北京化纤学院毕业的技术员，是他们挑起了全厂工艺与设备正常运转的大梁，但在知识分子被视为"臭老九"的大环境下，他们却有点灰溜溜的。我对他们是同情和信任的，一视同仁地与他们友好相处、合作共事，这也是我当时工作上取得一定发言权的资本。1988年回清江参加厂庆时得知，我离厂前提出的后纺加捻丝免经络筒工序直接上弹力机的想法已成现实，说明我在合纤厂多少还留下了一点痕迹。

至今犹感遗憾的一件事是，我们撤离兵团前，在发展大批知青入党的同时，居然没有在技术干部中发展一名党员。

今天来看我从农场调工厂这件事，虽有走后门之嫌，但客观地说，当时清江厂正需要我这样的人，而我到工厂比在农场更能发挥作用，不失为干部资源的合理配置。可是，在当时的用人体制和选人标准下，偏偏"歪打"才能"正着"，这不能不说是历史的讽刺。

进入 1974 年，由于国际石油危机的影响，清江厂所依赖的进口原料供应紧张，我的精力主要用到上南京和北京跑原料上，但收效甚微，只得减产停机，把空余的工人组织到对面清江棉纺厂去支援。后来还为缺电的事奔跑过。和全国的形势一样，那时抓生产是困难重重，到处碰壁，个人也无能为力。

1975 年初，邓小平复出主持中央工作，他洞察到各地组建建设兵团以及军队支左的做法，实质上是在"清理阶级队伍"的名义下排除异己、处置大批军队干部的宗派主义措施（诚然，万千兵团战士干部，战天斗地，春耕秋播，大兴水利，修桥筑路，植树造林，普及教育的劳苦功高是不应该被否定的），因此下了一条死命令，除原有新疆兵团外的所有文革中组建的建设兵团一律撤消，兵团及支左的部队干部一律回原单位分配工作。于是 1975 年夏，五局便不得不派出工作组来清江接收我们这批原已处理掉的人员。工作组来后亟力向我们说明五局编制已满、安排困难的情况，劝我们还是留在兵团现单位好。省里派来接收该厂的领导也表示希望我留下来。但我心头难以割舍的对技侦事业的感情，以及对五局历史不公正的评价、对五局干部的不公平处理，心有不甘，非要争个是非曲直，久蓄的情绪使我坚决要求回五局。

这年夏天刚好小元从淮阴中学高中毕业，他在学校主动报名下放农村，我们送他到兵团 4 师（张本清任副师长）22 团警卫连环本农场劳动，从此走上了独立生活的道路。肖芒这时已是小学生，考虑到新华村没有满意的学校，我们便让她转到上海寿丽敏姨妈家继续上学。外婆先跟着到了上海，不久也回到新华村，帮助照顾寿靖的孩子。

1975 年秋天，我们这批不受欢迎而又不能拒之门外的旧主人搬回了阔别近六载的新华村，只觉景物依旧，人情淡薄，有人甚至把我们戏称为"还乡团"。阶级斗争的主旋律仍主宰着各项活动，但狂热阶段业已过去，人们对空头政治已经厌倦，技术业务工作依然死气沉沉，我作为一处主管业务的副处长也没什么正业可务。

当时我参加组织生活的三科党支部，正为一件久拖不决的"生活作风"违纪事件而犯难，即技术骨干韩某某诱奸女学员事发，但多次翻供，拒不认错，支委会束手无策，便将此烫手山芋交给我啃。我详细翻阅了有关材料，确定了基本事实，和韩作了多次交谈，主要是摆事实、讲道理，说明利害，激发他党员骨干的责任感和羞耻心，终于使他流下了悔恨之泪，交代了全部错误事实。这件事不免使有些人感到难堪，在此后支委会或党委会上再没有半句话对其予以肯定，似乎从未发生过此事。

1976年清明追悼周总理的"天安门事件"又引发了一阵风波，局领导积极贯彻"追查参与者"及"继续批邓"的指示，下面以阳奉阴违的态度应对之。文革已进入第十个年头，人们感到前路迷茫，不知何处是尽头，只能跟着混日子，虚度光阴。

不久，军委下达了将对台技侦工作集中到福州军区的命令，包括我们一处在内的五局三个建制处调拨给福州军区三局。于是，忙开了近千人战略大转移的各项准备工作，我们担负的主要是业务档案、资料等的转移准备，及自家行李、家具的准备。1976年6月我们由数十辆军用卡车运送到合肥，换乘军运专列，经南京、上海、鹰潭直达福州，又回到了二十多年前曾经战斗过的地方，不同的是这次驻防在闽江畔的梅亭。时任福州军区三局局长的林影同志，曾任过五局办公室主任，对我们这批老同志是熟悉的，他自己在文革中也受过审查，挨过批斗，深知"左"的危害，早有拨乱反正之心。

由于福州军区领导更换为皮定钧，他刚得以"归队"。我们去后不久，7月13日，皮司令员飞机失事去世，接任的杨成武司令员，以前是主管三部的副总参谋长，对三部工作的特点素有了解，对林影的工作很支持，这个大环境就与南京军区截然不同。在我们这批人马并到福州三局后,即组织了一次声势浩大的全局批判大会(当时还时兴这个),狠批破坏"抓革命、促生产"的反动思潮,发扬党的三部光荣传统,一处由我代表发言。这次大会确实起到了思想上拨乱反正的作用,打破了沉闷,伸张了正气。以此为发端,我们处能名正言顺地恢复技术业务工作的主导地位了。

夏天,肖芒也来到了福州,从此安定地在福州从小学念到高中。福州素有重视教育的传统,使肖芒的学业打下了扎实的基础。

9月,毛泽东病逝,我们内心的悲痛是真切的,同时也暗自祈盼局势会好转。果然,接着就传来了大快人心的粉碎"四人帮"的喜讯,文化大革命的噩梦终于结束了,压在我头上的政治阴霾烟消云散了。11月我出差到北京X局学习,受命了解技侦战线的新情况,恢复了与兄弟局中断十年的交流。

庆幸"四人帮"被粉碎的欢快气氛尚未散去,突然传来我舅舅邓克生11月28日在南京病逝的消息,我和寿勇利用个人假期前往奔丧。舅舅自建国以来各次运动都受到严重冲击,他的家庭出身成了他无法解脱的原罪,"左"的偏见一直压得他翻不过身来。粉碎"四人帮"的消息,使长期郁闷在家的他欣喜若狂,开了酒戒,而当时他的心脏已经不胜大悲大喜的刺激,在11月8日的庆祝大会会场上便发作心脏病,廿天后在医院因大面积心肌梗塞而去世,享年仅65岁。舅舅走得太早了,他刚看到"四人帮"的垮台,却没有来得及对自己后半生所受不公正待遇的根本原因获知一个明白的解答,更未能看到他毕生关注的商品经济在改革开放后的祖国的空前发展与繁荣,是非常令人惋惜的。

作为"左"倾思潮极致表现的"文革"虽然过去了,但"左"的土壤还在。中国漫长的封建社会,汪洋大海般的小农经济,使专制思想和农民意识——即封建文化成为意识形态领域根深蒂固的顽症,虽领袖人物亦不能免。加上"老大哥"的国际影响,形成"越左越革命"的社会思维定势，给"左"的东西提供了长盛不衰的市场。我们及我们的上一代，生长在这个社会、这个年代、这种家庭，遭受"左"害可说是历史的必然，属于在劫难逃。环顾反右派至"文革"的受难人群，我遭的罪还算轻的，主要在精神面上。

当然，同时应承认，多年来我们在深受"左"害的同时，也不知不觉地沾染上"左"的流毒。反思我在文革前，作为一个党的基层领导，思考问题与发表意见，习惯于以党的文件与领导口径为基准，只唯上而不唯实。加上我自己一向发展顺利，未体会过政治上受压的厉害，为了表现自己的认识深刻和原则性强，对人对事过于理性，有时轻易上纲上线，随便出口伤人，客观上扮演了助"左"为虐的角色。

在"文革"中，我不乏盲目跟风的表现，对无产阶级专政下继续革命的理论曾努力学习之、正面领会之，甚至幻想今后改行到理论班子去耍笔杆。革命前辈李锐同志自谓"早知世事多波折，堪慰平生未左偏"，而我在政治上却缺少鲜明清醒的主见，顶多是个吃后悔药的后知半觉者而已。聊可自慰的是，我虽然长期承受"右倾"与"只专不红"的指责，但内心并未服气，对名"红"实左的那一套始终格格不入，说明我心底尚存良知。当由单位"红人"一下子跌为"清理对象"，由于我对自己的清白怀有足够自信，基本上能坦然面对逆境，心理上没有过自暴自弃，更没有过在压力下为了保全自己而损害他人或讨好权势的言行。

七、拨乱反正（1977—1984）

1977年5、6月，三部在京召开文革后第一次全军技侦工作会议，由于处内有小人阻扰，我并不顺利地出席了会议。这次会议开得很隆重，当时的中央领导华国锋、叶剑英接见并讲话，一扫三部的霉气，重振技侦事业的名声，对技侦战线的同志是巨大鼓舞。借着会议的东风，局里召回了文革中流散在外的一些老同志，大刀阔斧地调整了我们处的领导班子，给我们创造了较好的工作环境，我可以放开手脚、专心致志地抓工作了。

然而，面临的敌情却相当严峻。台湾军方从1966年启用至今的一种新型主体密码，由于受"文革"耽搁，一直没有破开。其时，台湾还由蒋氏父子主政，乘大陆内乱之机，专注于发展经济，海峡局势相对平稳。虽然我们独家担负的密码情报的供应几近断档，但由于我方情报来源的多样化，日子照样过得去。"文革"结束了，对我们工作的压力便陡然增大了。当时别无出路，唯有本着"而今迈步从头越"的精神从基础工作做起，一步一个脚印地开始了浩繁而具体的调查侦察过程。从表面上看，这似乎是一种默默无闻和琐碎枯燥的劳作，而实际上是一个绞尽脑汁、呕心沥血的过程，其中的甘苦，只有我们自己懂得。

1977年冬，国家恢复了高考。这时，小元已从农场调到清江合纤厂化验车间工作。他在农场期间，除经受了吃苦耐劳的身心锻炼外，并没有放松学习，在精神食粮匮乏的日子里，他读了全套的《鲁迅全集》等书。到清江厂后，为了准备高考，他利用业余时间复习了全部中学课程，取得了257分的超过录取线的成绩。然而，出人意外，在农垦局组织的体检中，他被以莫须有的"先天性心脏病"（心跳过缓）的理由卡住而落榜。当时我们在福州正忙于自己的工作，天真地以为"四人帮"粉碎了风气正了，凭小元的实力高考应无问题，压根儿没想到托人找关系，结果弄了个措手不及。半年后第二次再考，得377.5分，超过重点大学录取线，可是迟迟未接到录取通知，才将此情况告知南京的臧文舅妈。臧文去查问，始知小元的档案根本没有寄出，而录取时间已经过去。后来，经臧文多方奔跑，好不容易才让小元进了1978年12月开学的南京化工学院大专班。这事使我初尝了新社会利益竞争的滋味，暴露出我的脑子是何等地与现实不适应。那时，高考在并不公正的暗箱操作下，企图凭考分静候佳音，未免失之于幼稚。

1978年3月，西安市委为邓评举行"骨灰安放仪式"。我带了三个孩子去参加，寿勇因患甲肝住院未能前往，当时还下放在三原的刘子久、南京的臧文和乐文及北京的建荣、刘小玲都去了。所谓"骨灰安放"，实际上是空骨灰盒一只，仪式旨在为邓评恢复政治名誉，但关于死因仍含糊其词地说："在林彪、四人帮反革命修正主义的残酷迫害下，于X年X月X日不幸逝世"。我在骨灰盒上为她写的"铭文"是："光明磊落 战斗一生 忠贞革命 火烈冰清 党群共察 冤目可瞑 子孙后代 永继先风"。面对遗容，回首往事，我不禁放声恸哭一场。

安葬那天，大雪纷飞，天昏地惨，有诗记曰："三月十三安葬日，雪花漫舞罩西京，朔风萧瑟人噙泪，日月同悲悼邓评"。仪式结束后，报社派车送我们赴延安参观。那次补发给邓评的工资与抚恤费我都让给了当时生活尚较拮据的刘子久。翌年，刘子久平反后回到北京，1988年8月在京病逝。

从西安回来后，5月份我去雅安成都三局学习交流。归途中在长沙看望了邓建成夫妇。建成是我德惠姨妈的长子，文革前在西安公路学院毕业后分回湖南老家工作，他的妻子王玲慕是我的同父异母妹妹，他两的结合折射出一段剪不断的亲情。原来邓评多次向我说过，她能有今天，一定意义上还得感谢我父王寿山，因为当年正是他的不良行为，才逼使她走上投奔革命的道路。50年代，她通过我捎信要他认真接受改造，困难时期还让我给他寄过几次钱。王寿山解放后做了守法商人，当了市工商联委员，并常念及我母历来对他的好处。其时，邓建成正在益阳施工，王寿山出于怀旧兼感恩的心理，将幼年丧母的爱女许配与他，使上一代的亲缘在新时代下得以延续。在成全了这桩婚事后不久，王寿山1969年因病辞世。邓建成夫妇及一对子女现均在长沙，与我们和建荣都保持着密切的联系。

时间到1978年末，刚发表了具有历史里程碑意义的党的十一届三中全会公报，我们的业务工作突然获得了石破天惊的进展，而第二天又逢中美建交，真是三喜临门。事情得从头说起：台湾军方60年代更新的主体密码，我们因文革干扰，未能及时研破，但还是做了一些条件积累和敌情调查的基础性工作。根据有关情报资料，我们对它形成了一个基本的判断，即它是一种以电子软件技术为手段的自动化编码方式，这种编码方式存在一个结构性的特点——亦即致命弱点，就是"以少生多"，即用有限的基码，经过复杂的组合变化，连锁编制出无限多的实用密码来。这种密码必然是存在内在规律的线性序列，它的基码和变化方式一旦暴露，就可能造成整个密码的解体。我们就是针对敌方这一软肋建立起侦破思路。我们深信"若要人不知，除非己莫为"这一朴素的真理，只要是现实的密码，就不可避免地会有破绽，敌人虽貌似强大，但决不是天衣无缝，百密难免一疏，只要我们方向明确，决心坚定，千方百计，锲而不舍，必定能有所发现。

于是，我们一开始就树立了"海底捞针""愚公移山"的长期作战思想，准备不惜工本，不图侥幸，扎扎实实、一个课题一个课题地做下去，以求逐步减少盲目性、缩小包围圈、增强针对性。从战略思想上讲，是通过否定的形式来达到最后肯定的目的，用量的积累来促成质的改变。在战术部署方面，我们布下由一个个实验课题构成并不断充实、完善的天罗地网，进行地毯式穷尽搜索。发动群众，开动脑子，大胆设想可能暴露出基码系列的各种组合变化方式及其表现形式，而后逐个验证淘汰之。一个工作组一段时间就集中力量验证一个课题，做出合乎实际的结论，然后再换新课题。多个工作组同时并举，面面俱进，积少成多，形成一个成包围之势的严密的侦察网，只要鱼在拉网范围内，终有一天会被我捞获。在课题设计方面，我们本着"宁滥勿缺"的原则，解放思想，大胆设想，有枣没枣打一竿，不怕白干了，就怕漏掉了；在确保不漏目标的前提下节约施工成本。

就是在这种精神指导下，我们不急不躁，埋头苦干，经过两年多的群策群力，做了数百个实验课题，终于功夫不负有心人，魏俊芝工作组的蒋宝华在他们施工的一个课题中幸运地抓到了一起带规律性的线索，经鉴定确认为本质规律的真实反映，顺藤摸瓜，追根溯源，从而导致了整个编码方式的突破与还原。今天看来，这种密码的编制并不高深，利用一套办公电脑，通过软件编程，打印复印，便可全部完成。

这一历史性的胜利，根本上是源于天时、地利、人和之齐备，正是由于离开了南京军区的极"左"领导，文革结束，拨乱反正，部分老同志归队，力量集中，士气高涨，侦察方向正确，因而水到渠成，瓜熟蒂落。从技术、战术上看，似是偶然、实属必然，是"天道酬勤"、功夫不负有心人的结果。这次取胜靠的虽是"人海战术""穷尽验证"式的"笨"办法，技术上确实具有一定盲目性，但在当时条件下，毕竟不失为唯一行之有效的好办法，它体现了从实际出发、艰苦奋斗的优良传统，正如"小米加步枪"打败美式现代化装备的神奇效应一样，应予肯定。

多年对峙的敌堡攻开了，整个办公大楼沸腾了，局机关和兄弟处也跟着忙开了。我们怀着胜利的喜悦，日以继夜、全力以赴地投入到扩大战果、还原编制、清理库存、产出成品的高潮。从揭晓后的结果证明，我们对敌情的基本判断是完全正确的，而突破敌堡的客观条件在密码使用初期即已存在了，完全是由于文革的干扰耽误了及早的破译。这一事实也有力地揭露了极"左"路线推行的空头政治是如何地祸国殃民。所以，这次的胜利，不光是技术业务的大胜仗，而且是给五局、给五局干部扬眉吐气的政治上的翻身仗，它使某些人对五局的污蔑和歧视不攻自破，彻底破产。对于我们这些毕生为党的技侦事业奋斗的老同志来说，这可能只是最后的辉煌。但我想，如果我们一生少了这圆满的结尾而黯然离职，则必定会抱憾终身。

我们工作这一空前胜利，惊动了福州军区和军委总部。1979年为我们举行了隆重的庆功颁奖仪式，直接发现线索导致突破的蒋宝华、魏俊芝荣立一等功，我们处立集体二等功，不少同志立三等功，我作为一线指挥员也立了三等功。1980年5月，我的行政级别（在冻结了廿多年后）调整为14级，1981年职务晋升为副师职。1982年5月我任一处处长。林影局长因"领导有方"而连升两级，由正师升副军而后升正军。

在此期间，我们在军区测绘大队工作的女儿效群1981年4月与同事赵小彬结婚，1982年3月生女儿赵欣蓓。在南京化工学院大专班就读的儿子邓元，凭他的优异成绩，于1981年春转入本校本科，1982年8月以化工学士毕业后，分配至新建的国营大企业仪征化纤工业公司工作，并于1983年2月被派往美国培训与接收装备，回国后在仪化任工程师，同年与原同学、现同事孙新云结婚，1985年8月生女儿邓安童。

1982下半年，军队开始"文革"后第一次大整编与大精简，我们多年树立的"红在三部、专在三部"的事业精神受到根本性冲击（实际上在"文革"中已冲击殆尽）。新的形势逼使我们不得不更新观念，为自己今后的退路，做出历史性抉择。根据当时政策，师职（含）以下干部年龄不得超过55岁，到年龄一律离休安置。这样，我们必须将一直随军流动的小家选择一个最后的落脚点，何去何从，就在于一念之间。

经过全面权衡，我们把上海作为第一优先来争取，主要考虑上海的文明开化是最符合我们内心的价值取向的（事后证明这一考虑不无远见）。但进上海的必要条件是在上海有生活基础，即家属在上海，因此寿勇必须为此做出牺牲，在年过五十之后，放弃她30多年的军龄，先转业回上海，成为我安置上海的前提。而转业上海的名额又是有指标的，我厚着脸皮找到福州军区副司令石一宸（刘子久的同乡和战友），为寿勇弄到了一个指标，才使计划得以实现。寿勇于1982年12月接到了转业通知，1983上半年到上海办理了转业手续和住房与工作安排，成为上海市政府参事室干部，期间因工作与住房分配所经历的曲折和遭遇的辛酸就不说它了。好歹在长风新村的臭河浜旁分到20多平米的两居室，外婆与肖芒的户口同时也转到上海，肖芒在附近曹杨二中（市重点）插班读高二。

1983年5月，我调离一处到局部新成立的技研室当专职研究员，实际上是临时安置性的，意味着我已经成了多余的人。见大势已去，我何必恋栈，加上听说上海进干休所还要排队，便主动提出离休申请。明知离休意味着待遇、职级到此定格，还是于1984年满55岁时脱下军装到上海当了个"斩利索名缰，与世无争"（自句）的寓公，过上从来没有享受过的悠闲生活，从而揭开了我们家史新的一页。

今天看来，我当时的离休决定未免过于仓促了，按我的实际情况，应该还可以为技侦事业做些事情，例如把新时期的技术经验好好整理一下，可惜，那时我无此心思，领导上也根本没有这方面的考虑。

八、夕阳无限好（1985— ）

本章进入我人生的最后阶段，但从时间跨度上讲，却是连续时间最长、生活最稳定的阶段。这一切，托的是党的改革开放政策的福。

20世纪80年代实行改革开放以来，我们国家终于步上了几代人梦寐以求的中兴大道，迎来了历史上最辉煌、最富强的时期。今昔对比，我体会到最明显、最深刻的变化有：

一、国泰民安，政通人和，国家由乱转治，欣欣向荣，国力鼎盛，有了真正独立自主的国际地位；

二、解除了政治上的高压和思想上的钳制，可以自由思考、自由谈论，自由交往，告别了违心的自我批判，人与人之间不再有那么多的戒备与隔膜，即使有不同观念亦受到尊重，不致牵涉个人利害，让我感受到从没有过的心情舒畅；

三、生活质量空前提高，衣、食、住、行、用、文、医各方面供应与服务应有尽有，彻底告别了与生俱历的物质匮乏年代，不愁买不到，只愁用不了。想不到我的晚年能欣逢盛世，追根溯源，是包括我母、舅在内的前辈人以心血和生命为代价，换来了我的幸福晚年，换来了我的后代的广阔发展空间，我们是前人栽树的受荫者，可见善恶报应的社会规律还是客观存在的。

1985年春，寿靖发现患口腔癌，来上海就医，对他的术后护理和照料成了全家那段时间的中心任务。1986年元月，我和刘惠康、周志先两家，一同从福州搬到上海，开始了进干休所前的等待。寿勇在参事室工作虽表现积极，人缘甚佳，但因直言谏劝而为以权谋私的室领导所不容，让她刚到55岁即卸职退休，经市民建的许振东介绍于1986年12月起至市工商学院教务处工作。这一干就是11年，也是她工作最顺手、心情最愉快的11年，直到1997年因出国才真正回家休息。

那时，市委统战系统面临新的形势，各项工作亟待恢复和开展，寿勇得知这一信息后，将我推荐到市社会主义学院研究室按退休反聘人员待遇帮助工作，从而开始了我职业生涯的"第二春"。自1986

年12月至1993年3月,我在社院从事的工作主要有三项:参与《统一战线应用手册》涉台、港、澳、侨部分(占全书606页中的221页＝36.5%)的编写;担任《上海统一战线理论研究》季刊的责任编辑;有关"一国两制"与侨务工作的教材编写及讲课。1990年3月我家正式搬进宋园路上海警备区第五干休所。1993年3月起,我便跳槽到新迁至干休所隔壁的市台湾事务办公室研究室工作,一则图上下班方便,二则可以专攻我所熟悉的台湾方向。

在台办,我干到1998年9月第二次出国时为止,主要任务是参与《上海对台工作》月刊的编辑,负责每期稿件的文字编辑(改稿子)和校对,并主笔"海峡漫谈"专栏及为台情分析等栏目撰稿。

在社会主义学院和市台办工作的近12年中,我心无旁骛,埋头笔耕,除上述《统一战线应用手册》外,共在统战系统刊物、涉台刊物和《人民日报》(海外版)、《文汇报》《解放日报》等报刊发表了186篇约46万字的文章,内容涉及台情分析、时事评论、统战理论方面。其中发表于1999年2月8日人民日报(海外版)的描写留学生生活的通讯《初为人母》,是仅有的实地采访的尝试之作。这些文章的署名除原名外,常用笔名有"祝合""劳登""勇夫""石言","勇夫"者由我的一颗闲章《勇之匹夫》演化而来。

这数十万字的精神产品,虽然只是些配合形势的宣传文字,但毕竟是自己脑汁的结晶,敝帚自珍,我将其保存在一个题为《离而不休文存》的文件夹内,与之对应的是我另一颗闲章"一不做(官)二不休(息)室主",它表达了我"一息尚存,自强不息"的心态,也反映了我对自身价值的确认。我童年时曾是个自卑的孩子,成年后在党的培育下靠自己的努力实现了自我,离休后我身强力壮,岂能做一个躺在功劳簿上吃闲饭的旁观者,我仍要凭自己的劳动获得社会的承认,无愧于上海的接纳。我室内条幅的自撰联语是:"为免闲多常忆旧,宁教力绌总图新";1992年我的一首七律的上阕云:

"为拒荒芜效老牛，纸田驱笔未尝休。清文半卷留心迹，华发三千上额头"，都是这种心境的流露。这是事情的一个方面。

事情的另一方面则是为了偿我心中一个宿愿，即继承我母遗志的愿。母亲革命一生，从《观察日报》记者起步，到最后殉职在《西安晚报》代总编岗位上，她的主要职业是新闻记者，这使我对记者行业有一种本能的亲切感。虽然她从无让我继承记者事业的意思，但我想，沿着她的脚印体验一下她从事过的工作，我就会感到离她更近、对她更理解，我们母子的心就连得更紧。这12年我十足过了一把"记者"瘾，尝到了案头工作的酸甜苦辣，也是我精神上最充实、最舒畅、具有成就感的一段时光，它让我敢于面对"老有所为""晚霞生辉"这类美好的誉词。

与此同时，我们的子女进入了成年、发展期，先后走上事业的坦途。这本来就是我们选择上海作为家庭基地的初衷。肖芒1985年夏在曹杨二中毕业后，以该校历来最高高考分数考入复旦大学计算机科学系，四年学成，被日商欧姆龙公司（中立公司）录取做软件工程师，至1993年10月辞职去新加坡。期间，1991年4月至1992年4月赴日本研修一年。在日本从前来研修的新加坡同事李善彬处得知，新加坡的欧姆龙分公司有一名叫梁杏玲的女孩，与自己同年同月同日生，可谓三生有缘，遂结成志同道合的异国朋友。回上海后，肖芒便应梁的邀请辞职去新加坡，寄宿在梁家，并顺利地找到一份工作，从而结识了同事华裔青年叶志南，萌生爱情，于1994年秋在新成婚后，随志南同赴英国谢菲尔德大学留学。（同年12月12日疼爱她的外婆在沪病逝，享年85岁。）二人先后以该校计算机系博士生毕业，且获得了工作机会，1998年9月20日生女儿欣然。小两口在异邦胼手胝足十余载，终于成家立业，落脚英伦了。

长女效群在测绘大队当兵17年后，于1987年转业携女儿回到上海，被分配在新成立的市土地管理局。她的夫君赵小彬次年亦随着转业到上海房产局（后更名为上海房地产管理局），从此夫妻俩在新兴的房地产行业闯出了一番事业。效群凭着顽强的意志，坚持不懈地自学了从大专到房地产管理研究生的课程，取得了国家级房地产估价师执照。随着行政体制的改革，又下海做起房产经营商，诚信立业，守法经营，业绩居本区同行的前列，在业界赢得了一定声誉。赵小彬则在机关兢兢业业干公务员至退休。他们的女儿欣蓓自幼天资聪慧，性格活泼开朗，敢做敢为，以优异成绩从小学、市三女中（原中西女中），一路顺风进入复旦生物系，并于2004年夏赴英国剑桥大学越级攻读博士学位，成为咱家脱颖而出的骄子。我们身边的效群这一家，对我们关怀备至，竭尽孝道，是我们暮年生活得以充满亲情与温暖的主要支柱。

儿子邓元，在仪征化纤公司工作卓有成效，发挥了好学爱钻的特长，不久便由生产厂调到公司研究院从事开发工作。然而国营大企业官本位的管理体制，不尊重知识、不尊重知识分子的积弊，深深挫伤了他的积极性。后来在他妻子和我们的支持下（当时还在上班的我们，把他们年幼的孩子童童接到上海来抚养），他通过刻苦的业余自修，考取了北京化纤工学院（后改名服装学院）88级研究生，于1991年4月取得硕士学位。在北京念书的第一年，他还表现非常恋家，除经常通过书信和电话传达他对妻儿的思念外，寒暑假及"89动乱"期间一有机会就跑回仪化的暖巢。妻儿也曾去京团聚。

可是，1989年末1990年初，出乎所有亲人意外的事情发生了，他在从山东工艺美术学院来京进修的李维凯的颇具心计的感情攻势面前神魂颠倒，陷入了时髦的婚外恋，而孙新云在应对时也有欠冷静和失策之处，使关系越来越僵，最终导致夫妻感情彻底破裂。虽经我们竭力劝阻，对邓元进行了严肃的批评，但已无法挽回。由于这事的连累，邓元没有如期拿到学位证书，他原计划学成后另找单位的机会亦被剥夺，只得于1991年4月怏怏地仍回仪化研究院工作。夫妻俩于1992年2月办理了协议离婚，六岁半的女儿童童判归孙新云监护，一个令人羡慕的好端端的家庭就此被拆散。同年4月与李维凯正式结婚，1994年3月18日生子邓小歌。虽然1995年5月被评为高级工程师兼项目经理，但他对工作环境的不满只增未减，便抓紧补习英文，准备出国。通过肖芒与谢菲尔德大学化学系牵线，他寄去有关材料，导师觉得他虽年龄偏大，但具备实力，被顺利录取，获ORS奖学金（年5000英镑），学费全免，并获得1000英镑额外津贴，于1996年12月辞职后只身赴英留学。辞职时，仪化公司竟叫他退还了同年去香港出席一个国际性学术会议的全部费用。而他则把刚从乡镇企业获得的一笔八万元的技术转让费留下一半给班组的同事。

邓元到谢菲尔德大学后，在化学系任研究助理，屡有成果，但有关的学术交流活动却不派他去，仅因为他不是英国公民。一次他实验做出的高分子材料由英国同事带到法国参加学术会议，被公认是罕见的精度最纯的成品，而他得到的仅是与会者带回的赞词而已。直至2000年9月，他以合成化学博士毕业，犹不能找到一份适合自己的工作，乃不得不离开英国，移民加拿大。在谢菲尔德期间，他的勤奋刻苦、踏实能干、乐于助人的品格，在中国留学生中留下了口碑。

由于两个孩子在国外，我俩遂有了四次出国探亲之行。第一次是1997年3月27日至9月30日。首次作跨出国门的长途飞行，和带着两岁多的小歌去陪读的李维凯结伴同行，是从北京经赫尔辛基转曼彻斯特的航线，随身行李过多，小歌正发着烧，一路把我俩累坏了。老婆孩子去后邓元便单独租房住，我们住在肖芒家。这次赴英以"开洋荤"旅游为目的，主要是观赏异国风光，领略老牌资本主义国家的历史文化与风土人情。英格兰的主要景点都光顾了，教堂、古堡、豪宅、展厅以及一镑店、跳蚤市场等等，所见均感新鲜，多受启发，概言之：走出了国门，开阔了眼界，增长了知识，更新了观念。

  第二次赴英是1998年9月1日至翌年3月3日，时隔一年，主要是为了服侍肖芒月子而去。这次直接从上海乘法航班机经巴黎转曼彻斯特，在巴黎机场行李箱被暗扣作安全检查，隔了两天才送来家，箱锁被撬坏，东西翻得乱七八糟，也算是遭受种族歧视待遇的一次经历吧。肖芒拖到9月20日才产下一3000克的女婴，此前妊娠检查均说胎位正常，但临产时发现为臀位不得不改行破腹产。这所产科医院的硬件设备和服务态度都很好，但看来技术或经验并不如中国。肖芒由于妊娠期营养没有跟上，母乳不足，我们虽然想方设法采购、烹制了各种发奶的食物让她吃，乳汁仍然供不应求，孩子（取名欣然）养成了"叼奶头"的习惯，种下体弱多病的后果。

  这趟赴英因忙于对肖芒母女的照料，以及当小元夫妇周末晚打工时还得去照看留家的小歌，老骨头难辞辛劳，寿勇累出心脏病住了三天医院，还发过几次眩晕症，也就顾不上外出游览了。我们于1999年3月按时回国后，隔了半年，肖芒因育儿与念书无法兼顾，于9月7日将欣然送来上海抚养。这孩子刚来的几个月，经常生病，三天两头去医院，没让我们少操心。随着她体质的增强，日渐出落成健康活泼、机灵乖巧、善解人意的"妹妹"，给我们的老年生活平添了许多欢乐和温馨。2001年2月肖芒来接她回英时，我们还真有点舍不得。

  欣然走后次日，福州传来寿靖病逝的噩耗，我们就忙于奔丧之事了。时隔15年重返福州，利用参加靖弟丧事的空隙，回梅亭老单位看了看，受到热情接待，同志们并非必要地向我介绍了工作发展情况，看到单位的优良传统得到发扬光大，战功卓著，内心深感欣慰。回上海后，与我们一同去福州奔丧的寿丽敏发现已肝癌后期，医治无效，于2002年4月以不足七秩之年辞世。

第三次赴英为 2001 年 7 月 4 日至 2002 年 1 月 3 日，是为践"参加肖芒毕业典礼"之诺而去，也是为了消解我们对妹妹的思念而去。这时，小元已离开英国移民加拿大。我们于 7 月 17 日出席了谢菲尔德大学隆重而简朴的应届毕业典礼，肖芒披红袍冠黑帽，作为电脑科学博士走在队伍第三名登台领证，观礼台上的妹妹认出后高呼"妈妈"，引起全场注目。这次在英，主要享受天伦乐趣，除参加了一次学联组织的湖区游，以及身历其境地感受了西人的圣诞节日外，最大的收获就是初步学会了在家中上网浏览中国新闻和收发电子邮件，当年世界杯预选赛和申奥壮举的场面我都一一目睹了，使思乡游子和国内同胞同享了那激动人心的时刻。回到上海后，小群已在我室内装备了一台电脑，这就进一步为我不用纸笔轻松撰写这篇《回忆录》提供了物质技术基础。也是老年幸事之一吧。

且说邓元 2000 年 10 月举家迁往多伦多后，在开头的 19 个月中一直找不到正式工作，靠打零工维持生计。他曾干过一段时间卖电推销员，于风雪交加的寒夜挨家逐户上门劝购，所遭遇的艰辛与冷眼是可想而知的。期间，经李小虎介绍两次到东莞某台商的化工企业帮助解决技术问题，老板有意留他，但碍于加拿大的移民法律，他只能短期逗留后返加。该台商还一直与他保持联系。2002 年 7 月他终于为多伦多一家小公司所聘用，在研发部门按老板的意图搞高分子材料试验，工作和生活才相对稳定。

亦在其时，使他牵肠挂肚的留在仪化前妻孙新云身边的爱女邓安童，已是年届十七的高二学生，即接近移民的临界年龄，经反复的说服，终于取得了她母孙新云的同意，于 2002 年初启动了为安童移民加拿大的工程。此后文电往返，资料传递，并经过了改变监护关系这道坎，幸得在南京的寿刚鼎力协助，于 2002 年 9 月办妥了安童移民的一切必要手续，了却了我们的一大心愿。当时，孙提出的前提条件是要爷爷奶奶陪去，后经商量，安童便与刚好要去加探亲的黄光远夫妇先行，我们后走一步。于是，便有了我们2003年3月、即安童赴加半年之后的加拿大之行。

　　谁也不曾料到这次加拿大之行，会是一次留下深深遗憾之行。由于过去我们和邓元共同生活的时间相对较少，对他以及小歌的照顾也较少；而安童虽是我们最疼爱的孙女，也很少相聚，因此我们将这次赴加探亲视为一次难得的感情补偿，从物质到精神都做好了骨肉团聚、共享天伦的充分准备。自3月30日抵达多伦多后的开始一段时间，气氛还算正常，在北美初春的阳光下，全家一同游览了尼亚加拉大瀑布和市区景点，还一同去野外钓鱼。我们对安童在新环境下享有的学习与生活条件感到满意，也为她在学业与自立自强方面的进步而满心欣慰。

　　与此同时，逐渐发觉李维凯对安童的态度十分冷漠，不但缺少必要的关心，还在一些小事上亟尽挑剔与苛求，并常流露嫉恨之情。我们一方面劝安童正确对待（事实上她已做到不受干扰、一心向学），一方面力所能及地弥补安童应得到的生活照顾，并正面劝李不要因她和孙新云间的恩怨而殃及安童。这样，就招致了李迁怒于我们，于7月23日终于公开发作，叫安童"给我滚"！怪我们"联合起来骗她"，唤邓元回来写离婚书，要卖房分家，要解除对安童的监护……8月18日，安童18岁生日这天，按计划我们陪安童去加东三日游，清晨临出发前，她因再度流产而归咎于我们，竟用不堪入耳之词对我们破口大骂，把我们正喝着的牛奶摔掉，并扬言要将我们带加的行李和物品全扔掉，完全是一副泼妇骂街、扫地出门的架势，小元在旁一筹莫展，我们只得赶紧上路。幸亏加东的美景及旅途的愉快暂时冲淡了我们心头的气恼。20日返回多伦多后，小元慑于李的淫威，将我们安排在一家小旅舍内，24日即提前回国了。

　　这次难忘的多伦多之行，让我们近距离见识了李维凯自私、狭隘、专横的本性，也可说是补上了直面人性恶这一课；并深为小元的软弱和窝囊而遗憾，为他的择偶不慎和遇人不淑而惋惜。

综观这几次出国（包括后来三次到新加坡肖芒家），我们每次都居住了五至六个月时间，深入生活在基层民间，这就不只是走马观花式的游山玩水，而是对发达国家的社会风情与生活方式有了实际的体验，这对我们开阔视野，纠正原来被灌输的政治偏见，具有深远的意义。

末了，还得说说我的健康情况。离休前我很少生病，仅在清江合纤厂时因急性肺炎住过一次医院。离休后住院记录如下：1985年秋阑尾切除；1990年5月胆囊切除；2000年12月左鼻衄；2003年10月至今，血小板增生。所幸尚未发现内脏器官有严重疾病，从不知高血压为何物，我的生活习惯与心理素质尚能符合长寿的要求，因此，我对自身生命的苟延能力一直抱着自信。在我有生之年，相信能看到北京奥运会和上海世博会的举办，看到上海化工区和洋山深水港的建成；我还希望看到我家第三代风华正茂的英姿，看到祖国全面小康的新面貌与两岸统一的实现……

九、人生回顾

我这一生，区别于我的上代以及后代的最大特点是：我生活在时代的交替段，从而使我具有跨时代的阅历。旧社会与新社会，战争与和平，杀戮与太平，封闭与开放，愚昧与文明，贫苦与小康，乱世与盛世，顺境与逆境，大喜与大悲，中国与外国……我都亲身见识过，多少我也算个历经沧桑的过来人。

巨大的时代反差，使我的认知占有经验对比与历史观照的角度。虽然由于知识的局限，我的思想远未达到紧跟时代步伐的水平，头脑仍未免受旧观念及思维惯性的束缚，但自认为我还算越活越清醒，对世事越看越明白。因此，我愿意将一生的基本感悟简要记述如下：

我生长于多灾多难祖国的动乱时代，但就我的一生来说，应算是苦难时代的幸运儿。偶然的机遇成就了我一生的三大幸运，这就是——

一、我有幸从王家血统转为邓家人，使我得以走上革命的光明大道。如果我一直留在王家，很可能顶多以一个小商人或小职员了此一生。饮水思源，应感谢我的母亲，她不仅养育了我，还以她的明智决断给我以新的前途。没有她就没有我的一切，没有她就没有我们一家人。因此，邓评应崇为我们家族百代不忘的奠基人与恩祖。

二、我有幸成为人民解放军技侦战线的一名战士。世上三百六十行中恐怕没有技术侦察这一行，而惟独这一行当时似乎是最适合于我的，也就是最有利于扬我之长、避我之短的。试想，如果当初遂了我的文学愿，凭我这孤僻的性格、幼稚的心智和局限的经历，闭门造车，能搞出什么名堂来？即使写出点什么，在那个布满"文字狱"的年代，会有我好果子吃吗！如果建大分配时我不是到这个单位，而是去做地方工作，凭我简单的头脑与生硬的处事方法，能适应吗，能应付得了"文革"运动吗？答案是明摆着的。平心而论，在当时的主客观条件下，只有密码研译工作能让我有所作为，也因此而算不虚此生。

三、我有幸娶到了一个好妻子，她的善良贤惠与勤劳能干，不但为我们缔造了一个美满幸福的家庭，支持了我的工作，培育了有为的后代，尤其在我年老体衰、家庭成了主要活动空间和安生立命之所时，更突显出她作为一个称职的家庭主妇对于整个生活的重要作用，简直可以毫不夸张地誉为家庭的灵魂！我生在福中，是深知此福的。2005年元旦，我们在珠海幸福度过金婚纪念日时，我由衷地咏道："相伴相依五十年，青春共老意绵绵，难尽今生恩与爱，相期来世续前缘。"

——上述三大幸运，也可概括为三"对"，即走对了路，进对了门,找对了婆。

我们的共和国已步入改革开放的康庄大道,我们的后代将享受物质上更加充裕和现代化的生活。我完全不必为他们未来的物质生活担心,我衷心寄望于他们的是精神上能保持与发扬邓家的家风。简言之,不管从事什么职业,必须做一个有文化、有思想、有道德、对社会有益处的人。

其中,文化素质是基础。从小就要培养爱学习、爱读书的习惯,如同人的身体必须不断吸取营养成分使之强壮的道理一样,人的心智也必须不断充实新的知识和新的思想使之成熟。特别在科学技术日新月异的时代,惟有具备真才实学才能跟上时代,不至被社会淘汰并有所作为。

在新旧交替的社会转型期,在意识形态呈现多元化及充满各种诱惑与堕落陷阱的未来社会里,惟有平时加强学习以自律,才能保持头脑清醒,成为脱离低级趣味的人。而在无法预知的可能挫折或灾难前,才能不失方向、理智应对。

总之,具备必要的文化素质,将有助于自觉地养成爱国、敬业、明理、诚实、善良、关爱、坚强等为人的基本品德,而这正是邓家家风的精髓,也是我们最期望于我家后人的。

有位成功的民营企业家说得好——

"一个民族,一个国家,都有它源远流长的文化和文明,而具体到微观,作为构成社会一分子的家族,也有它特殊的家道和祖训,做官也好,做学问也好,做企业也好,从本质上说,还是做人,你立身行正了,你光明磊落了,你做任何事情,便容易成功,甚至多有所谓的贵人相助,而如果你坑蒙拐骗,做人都失败了,那你什么事也做不起来,就是暂时做起来,也会垮掉"。

我想,就借这段金石之言,作为本章的结语吧。

十、后 记

　　这份回忆录,于 2002 年 11 月 18 日正式动笔,写了一章后改用电脑操作。中经 2003 年赴加拿大探亲及沪上住院搁笔,断断续续,至 2004 年 6 月 9 日完成第一稿,总算了却了生前一桩心事。

　　我写回忆录的动机,首先是为了纪念我的母亲,她是一个不应该被人们忘记的女性,至少是不应该被她的骨肉亲人遗忘的家族人格的奠基者。她的命途多舛的一生不足六十载,死后连骨灰也不曾留下,也就谈不上墓茔或碑碣。为了永远记念她,借助文字的载体功能把她留给我们的这笔无形资产一代代传下去,在后人中树一个心碑,应是最好的办法。我还想,如果我的母、舅能有回忆录留下来该多好,我们就可以更亲切地了解与继承他们的志愿,可惜,他们当年没有此机会和条件。我现在有此条件,自应当仁不让地承担起承前启后的任务。1989 年末我曾写《邓评传略》以记其生平;在这篇以我为传主的回忆录中,则写她的影响,写她的精神的传承,既留传后人,又作为后辈献给她的一份适时的汇报,让天国的她见此而含笑安息吧。

　　其次,写此回忆录也是为了尽某种社会责任。《往事并不如烟》作者章诒和说:"回忆是比日记或书信更加稳妥的保存社会真实的办法。"在社会发展的长河中,我的一生虽只是沧海一粟,然而,在一定时空交会点上,仍亲历了部分的"社会真实"。尤其在如下两点上,我相信我的"保存"是唯一的,即如果我不这样做的话,这部分"社会真实"是不会有第二个人用文字来记述的,随着时间的推移,它也就永远被湮没在茫茫历史的尘埃中了。

　　第一点,关于我所参加的技侦工作,是我视为神圣并为之献出了青春、引为自豪的事业,在我的回忆录中必须作出正确而适度的反映，特别是70年代末拨乱反正后那场历史里程碑性质的胜利，它的意义不仅在技术上，我作为自始至终的参与者与指挥员，有责任将其原委记录下来。近来，在一些公开出版物上看到以破译工作为题材的小说，有的还被评为"最佳"作品，其内容主要出自著者的道听途说加想象力，离真实何止十万八千里，为了正视听，更坚定了我写的决心。当然，出于保守机密的考虑，我只能作原则性的叙述，不去也没有必要去涉及技术细节，并将回忆录的传播范围控制在狭小的亲属内部，相信他（她）们会以严肃负责的态度对那些涉密的内容守口如瓶，直至台湾回归祖国以后。

第二点，关于"文革"对南京五局的致命伤害，虽然随着整个"文革"被否定而事实上已经平反了，但有关方面对蕴涵其中的深刻教训却始终讳莫如深（这一点难免使人联想到日本人对侵华罪责所抱的态度），相反，对当时制造这一伤害的直接负责人——原南京军区领导歌功颂德（包括美化其文革中的表现）之辞却不绝于耳。我作为亲历这段历史的受害者与见证人，不能就此保持沉默。

虽然我的记载可能起不了任何实际作用，但我的良心将因我保存了这份历史真实而安然。

2004年6月9日脱稿于上警第五干休所

2005年2月修订，2006年3月校订

我的一生

寿 勇 [1]

我的一生经历了——

苦难的早年（18岁之前）

1931年7月19日，在上海新闸路的一间楼房里，一个不该出生的私生女——我——降生了，这在当时封建世俗的社会里是很不光彩的，从此注定了我天生的低人一等，被人讥讽，歧视，不敢理直气壮的生活，自小有一种自卑敏感的心理。

在我出生前约一两个月，外婆为了我能有个合法的父亲，匆忙将未婚先孕的独养女儿、即我的母亲嫁给外公所信任的徒弟寿南椿。（外公当时已过世，生前是开油漆作坊的）。寿南椿是浙江诸暨人，在上海一家外商高档家具公司当油漆领班，收入中等，生活尚好。接着我母亲又生了一妹一弟。养父明知我非他亲生，但由于他的宽容，厚道，从未歧视我，虽然他对我和弟妹感情上难免有亲疏之分，但总的说来，是他对我无私的关爱，才使我在家庭中得以健康成长，我对他的感激之情，难以言表。

1937年"8.13"日寇侵占上海后，全家从上海逃难至诸暨同山

---

[1] 寿勇，邓亭夫人。

乡下，养父失业，家中失去经济来源，从上海带来的积蓄很快花光，养父瘫病缠身，家里又添了两个妹妹及弟弟，贫病交加，求助无门，无奈将刚出生的两个妹妹先后送给了人家，母亲不得不经常出外跑单帮以养家糊口，加上还要经常逃避来袭的日本鬼子，生活十分艰难。作为大姐的我，只得放弃读书，小学尚未读完，即责无旁贷地挑起全部家务劳动的担子。从此服侍父亲，照顾弟妹，砍柴、挑水、舂米、磨面、种菜、喂猪、缝补，样样都干，乡亲们都夸我是小当家。十二三岁的我，就凭一双幼小的手，和一颗关爱的心，呵护弟妹们，决不让他们受到委屈和欺侮，所以我们兄弟姐妹之间自小便能互相照顾，非常团结，我还经常用"人穷志不穷""吃得苦中苦，方为人上人"的话来激励弟妹，千万不要自暴自弃，好好读书，他们也都听话，懂事。我虽然经常为自己失学而流泪悲伤，也为他们的健康成长而欣慰。那年头真是度日如年，好不容易熬到了抗战胜利。

抗战胜利后不久，原本以为全家可以回上海寻找过去的生活，可是1946年3月父亲病死，生活无靠。在万般无奈的情况下，十五岁的我，依照母亲记忆的指引，只身来到上海，找到了我的生父。他是一家糖果店的股东兼采购，见到我十分激动，想方设法要弥补我失去的父爱。我却无动于衷，爱恨交织，不知所措。他开始把我寄养在亲戚家里，供我生活读书，但是这家人家的孩子经常挖苦和讥讽我的身世。寄人篱下的日子很不好过，日夜梦想着过独立自主、自食其力的生活。1946年6月的一天，我再次放弃了读书，不辞而别，经同乡的介绍，到华阳纱厂当了一名童工。那时我还不到十五周岁，个子小，工时又长（两班制，一天要干10~12小时），做工很苦很累。但是厂里的工友对我都很照顾关心，我像是走进了一个新天地，庆幸自己终于实现了第一个梦想，我独立了，自力更生了，能养家糊口了。我将微薄的工资，省吃俭用全部寄回家去，供弟妹们生活和上学，全家人都为我高兴。

但是进厂不久，我渐渐地、日益明显地感觉到我还是没有摆脱受穷受苦的困境，而且不只是我一个人，而是整个工人阶层。亲眼目睹了张月芝疯了被关进疯人院，边雅琴进厂不久得了急病不治而死，女工怀孕生产就被除名，厂里机器老化经常发生工伤事故等等。大家每天牛马般的劳动，却得不到生活的保障和人身自由，没有社会地位、政治权利，这世道太不公平了！但不懂得这是为什么。

我天真地将它归之于没有文化所致，要改变现状必须提高文化，于是我立志做一个有文化的人，千方百计寻找读书的地方。1947~48年间，我先后在沪西公社、回民夜校、十二民众夜校、女青年会女工夜校……等处求学，但都因要上夜班未能坚持到底。在夜校开始接受了革命的教育，结识了一些进步老师和同学，在十二民众夜校时有同厂的保全工陈永泰同志（他是地下党员，解放后任厂党支书），经常以借阅书刊为名向我传递解放军的信息，讲述解放区的面貌，鼓励我积极参加"工协"组织的活动，如声援罢工、募捐、义卖等等，给我阅读香港出版的进步刊物如《中国妇女》《中国青年》等杂志，和赵树理的《李有才板话》《小二黑结婚》及《铁流二万五千里》等，使我的视野忽然开阔了，逐步认识了共产党、解放军，认识到工农大众的苦难是阶级剥削和压迫的结果。

解放前夕的上海出现了黎明前的黑暗，一片混乱，国民党军队节节败退，作最后的挣扎，屠杀革命志士，镇压群众运动，到处民不聊生，怨声载道，同时也不断传来解放军胜利的消息。为了迎接解放，我参加了厂地下党组织的罢工、救护队、护厂队，陈永泰还给了我一份"告全市人民书"的传单，要我广为传播，我马不停蹄地奔走相告，心情十分激动。

1949年5月，上海解放了，工人阶级扬眉吐气，从此结束了被压迫被剥削的处境。那时的我，心情振奋极了，兴高采烈欢天喜地，强烈的翻身感，促使我更积极地参加各种活动，把它作为学习、锻炼自己的机会。

1949年7~8月间，厂里成立了工会，我也被选为工会委员，和寿介芳共同分管组织工作。当时百废待兴，各条战线急需充实工农干部，经常有文件下达，要挑选政治思想好、作风正派、具有初中以上文化的优秀工人保送各大专院校（如人民大学、革命大学、纺织工学院、公安、工会、青年团等干部学校），就业、上学的机会很多，可惜的是具有初中以上文化的工人实在太少，满足不了要求，经常放弃名额。当务之急，必须尽快提高工人的文化素质。不久工会就办起了夜校，分高、中、低三个班，开设政治、语文、数学三门课程，每晚7~9时上课，雷打不动。夜校的冯宝龙、翁思盛、薛榴生三位老师是晋元中学高三班同学，志愿义教者，教、学都很认真、投入。自此全厂掀起了学习文化的热潮。

高级班相当于初中，只有十几个学生，我在班里成绩最好，多次受到厂领导和工会的奖励。后来得知，原来高级班的同学，几乎都被保送大专院校带薪读书，其中纺织工学院居多，他们成了新中国第一代工人出身的知识分子。

1949年10月1日，为了迎接中华人民共和国的成立，上海举行了盛大的示威游行，我们参加了由各厂、校联合组成的秧歌、腰鼓队，走在队伍的最前面，那庄严威武的气势，至今难忘，以后每当电影里看到这类镜头时，都很激动，感到荣光和自豪。

1950年1月厂里建立了新民主主义青年团支部，我第一批被批准入团，并当选为团支部书记，从此我经常代表厂工会和团支部参加各种会议和学习，接受教育的机会多了，视野更广阔，思想更活跃。同时我的工作也由筒摇车间的接头工调到试验室，测试棉纱的质量（为工程师指导保全车间调整纺纱机的中心牙、轻重牙提供数据），工作较轻松，空余时间就抓紧读书看报，工资也成倍的增加，解除了我家庭负担过重的忧虑，这是我有生以来最舒畅的日子，由衷地感激党，促使我更积极努力了。

但是正当我们沉浸在解放翻身的日子里，发生了"二六"敌机大轰炸，1950年2月6日杨树浦发电厂、闸北水电公司、南市华商电器公司、上海水厂等遭受严重的破坏，迫使各工厂停电、停产、停工、停薪，全市处于瘫痪状态。市政府立即召开了党、政、军、青、工、妇的群众大会，全场群情激愤，讨伐蒋介石的罪行，总工会主席刘长胜在会上号召青年学生、工人报名参军，以实际行动来捍卫自己的翻身果实。一石激起千层浪，在我思想上引发了强烈的反响，萌发了参军的念头。

时值华东军政大学第二期在沪招收工人团，我跃跃欲试，又顾虑走了后家庭生活、弟妹读书怎么办？正犹豫不决之际，寿介芳帮我出主意，说是带大弟一起去，并帮我出具证明，将我大弟寿文彬的名字改为寿靖，十五岁改为十八岁，冒充华阳纱厂的工人和青年团员，就凭这个证明顺利地通过了报名初试关。谁料在面试时出了问题，考官看他矮小的个子，一脸稚气，哪像十八岁的工人，寿靖无奈如实坦白了自己的真实身份，表明了自己参军的决心，并直说如果他不能去军大，将直接影响到姐姐的命运，考官听了很受感动，可我却忧心忡忡，责怪他不该如此老实，怕误了我的大事。几天后，我们提心吊胆去看榜，出人意料地在榜上看到了我俩的名字，而且还排在前面，说明我俩考试的成绩不错，真是喜出望外，压在我心头的一块石头才落了下来。当时蒋介石要反攻大陆的声势很高，参军等于当炮灰的谣言纷传。在我移交工作，告别亲友，整装待发期间，不少人劝我说：你放弃那么好的工作岗位和工资待遇太可惜了，要革命或读书机会多的是，而且都可以带薪兼顾家庭。但我决心已下，毫不动摇的说"人各有志"。我母亲得知消息后，雇了一辆三轮车赶到荆州路集结地拖我们的后腿，寿靖已被拖上了车，又被我硬拉了回来，母亲只好无奈地哭着回家了。

战斗的青年（18 至 38 岁）

1950年3月20日，我带着弟弟寿靖在一片锣鼓鞭炮声中，踏上了新的征途，开始了艰苦奋斗、团结紧张的军大生活，我为自己能成为解放军的一员感到无尚的荣光。

我们在上海荆州路军大分部工人团，经过短期的入伍教育，学习快结束前进行了一次基本知识的考核测验，我在女生中队名列第一，同时写了一篇纪念五四青年节的诗稿，被军大校报刊登，团政委在全团的大会上表扬了我，趁指导员找我谈话之机，向他汇报了我家因我参军断绝了经济来源，生活较困难的情况。不久由军大组织出面，与厂工会联系，解决了我妹妹寿丽敏顶替我进厂工作。从而解除了我后顾之忧，更专心于学习了。

1950年5月，工人团开往南京与军大三总队三大队合并，住在原国民党国防部大院，从此开始了"社会发展史"教育和队列训练，学习生活十分紧张。

社会发展史的学习，使我从理论上懂得了工农劳苦大众、受气受压受穷是不合理的社会制度所致，纠正了我过去认为是没有文化所致的模糊观点，使我认识了劳动创造世界的真谛，劳动人民才是社会真正的主人。为了配合学习，还观看了《王贵与李香香》《白毛女》歌剧，召开过控诉大会，教育我们不忘阶级苦，牢记血泪仇。此时我的心情总是激愤得久久不能平静，体会到劳动人民要求得自身的彻底解放，只有推翻三座大山，才能消灭阶级剥削和压迫。这些基本的理论、观点，为我日后确立革命的世界观和人生观奠定了思想基础，更觉得自己报考军大，弃工从戎这条路走对了，决心今后勇往直前走下去。

军大队列训练和组织纪律的要求十分严格，集体性特强，生活条件较差（夏天没有澡洗），节奏又很快，连吃饭、上厕都得抢时间。开始我很不习惯，不久就适应了。这对我克服自由散漫习气，培养集体主义精神和紧张严肃的思想作风帮助极大。至今我还经常回忆留恋当年的情景。

1950年冬，在军大忠诚老实的教育中，我检查了1948年前后，顾晴（同厂工友、夜校的同学）曾问过我是否愿意参加"工人协会"（党的外围组织）的事，当时我思想上有顾虑，觉得她不是党员，文化较低，遇事好咋呼，担心出了问题要连累家庭，所以没表态，这说明自己的觉悟不高。指导员还表扬我能敞开思想。

我在军大学习期间，一直担任团支部和学习组长工作，各方面能以身作则，严格要求自己，结业时被评为二等进步奖（各班只有一、二个），获一等奖者全中队也只有一两个苦大仇深的同学。

抗美援朝战争开始，军大提前匆匆结业，接着各单位前来挑选学员。我和李敏、杨婉庐、郭振华是第一批分配去华东二局做机要工作的。找我谈话的是王公达同志，他说：二局工作很重要，机密性很强，组织纪律要求很严，要坐得住，钻得进……我感到很神秘，又不敢问，同学们为我高兴，也很羡慕我。

1950年12月30日，军大调华东二局的300多同学，乘车前往南京三牌楼报到，编为通讯学校四大队一、二、三中队（一中队为女生队）。梁德圻、景国良任大队长，钱仲甫是中队长。由梁大队长亲自任教，继续政治学习，如"三大法宝""论人民民主专政"等。1951年5月后，分配至一、二处的分别进行政审和业务训练，一处的学员，搬进高楼门62号二局局部，由何亦风、张颖为队长，颜永盛为指导员，进行了政审教育。期间颜指导员曾问过我和冯宝龙是什么关系，我如实的说了"冯是我夜校的老师也是军大学员，提前分配去朝鲜战俘营工作了，经常来信介绍战俘营的情况，纯属师生关系，从未谈及个人问题"，他向我说明了二局工作纪律是不准和外界谈恋爱的。

1951年8月，我们24名学员（男女各半），开赴福州市郊中房二局一处，开始了机要业务训练和组织纪律教育，领导向我们宣布了机要保密纪律，如不得向任何人泄露工作机密，定期汇报思想，信件要检查，外出要结伴，不准与外界谈恋爱，不准乘坐民航、海轮等等。不久我就主动去信向冯明确提出，由于工作性质的不同，彼此之间永远是师生关系，以后他就不常来信了，直到中断了联系。

1951年11月，我被分配在陆军科（科长蒋旦萍）李振川组。参加实际工作后，更深切地感受到了二局工作的重要地位，它对历次革命战争的胜利起了重要的保证作用，被党中央誉为"好的二局"，是"党的耳目""长征中的一盏明灯"，比喻为"玻璃杯里赌宝"。参加二局工作的同志是几经挑选，百里取一的，进来难、出去更难，必须有长期干的事业精神。我为自己能成为二局的一员，感到无比的自豪，我十分热爱二局的事业，决心为它奋斗终身。也曾一度产生过盲目的优越感，似乎进了红色保险箱了。但更多的感受是二局工作任务艰巨，责任重大，要求很高，深感自己文化较低，不能适应工作的要求，甚至产生了急躁、自卑情绪，渴望有进一步学习提高的机会。

1952年8月，由于解放台湾的任务暂缓执行，二局在福州的陆军科先搬回南京高楼门，工作、学习、生活条件都得到了改善。局领导为了适应新的形势，提高大家的文化素质，特选调来刘锡元、陈中林二位有教学经验的专职老师。先是办了几期初中程度的脱产学习班，通知我参加时真是喜出望外，我很珍惜这种难得的机会，学习很努力，在一个月的时间里，赶早摸黑，分秒必争，完成了初中的数、理、化、语文等全部课程，考试成绩全优，得到了刘教员的重点表扬。接着又开设了高中以上课程的业余文化夜校，每晚7~9点上课，雷打不动，我又如饥似渴地全身心的投入。根据工作需要，急用先学的原则，先后选学了代数、三角、几何、统计学、统筹学、排列组合、优选法等等。接着又选学了高等数学、微积分、正态分布、逻辑学、论语、古文观止、语法修辞等大学课程。这期间，除工作外，我把全部时间和精力都花在学习上了，真是马不停蹄，忙得不亦乐乎，顾不上孩子，家庭生活全由母亲照料，连产假期间我都坚持学习，作业一次也没少交。由于我文化学习成绩突出，经常得到陈中林老师表扬，并推荐我出席南京军区文化学习积极分子代表大会，军区政委杜平和我们一起照了相。

文化学习的同时，单位还组织了政治经济学、哲学和"两论"（《矛盾论》《实践论》）的学习，这对我认识水平、思维能力和工作方法的提高都起到了积极的作用。

随着政治文化水平与工作能力的提高，我由XX组调到X情研究组任组长，技术级别也由三级助理研究员提为二级助理研究员。这1951~56年，我把它看作一生中的黄金时代，是我心情最舒畅、发展最顺利、思想最单纯（只知工作学习）、进步最快的时期，也是我人生最关键、最美好的时期，顺利地解决了入党、提干、恋爱、结婚、生儿育女等问题，得到了我所追求的关爱和幸福，现在想起来还是留恋难忘的。当然，这期间我的自我要求还是停留在管好自己，"天塌下来有高个子顶着"的水平。直到1960年前后大批新同志参加工作，客观形势把我推到了骨干位置，才意识到自己肩上的责任。

可惜好景不长，正当我满怀信心，奔向更高的目标时，1957年反右派斗争开始了，文化夜校被迫停止，开始我想自学英语，终因运动干扰太多未能坚持。

在那个以阶级斗争为纲的年代，除了全国性的反右派、反右倾、反胡风集团、大跃进、大炼钢铁、人民公社、社教运动等外，在林彪提出的"坚持四个第一""突出政治"方针的影响下，还有来自总参三部系统的特色运动,如大批"一个薄弱二个严重"、"非政治倾向""只专不红"之类,运动不断,声势一浪高于一浪,直至文化大革命,大鸣,大放,铺天盖地的大字报,一片杀气腾腾的火药味,使人胆战心惊,人人都处于紧张的防卫状态,处处谨慎小心,同志间互相设防,不敢暴露真实的思想,以至发展到相互攻击,谩骂,一片混乱,严重破坏了部队的安定团结。文革的严重恶果伤害了几代人,我和我的一家便是其中之一。

我在历次运动中,总的表现是随大流,跟着走,但是内心的矛盾疑惑不少。如反右斗争哪来那么多右派?大跃进的粮食高产是自欺欺人,大炼钢铁是劳民伤财,一大二公的人民公社徒有虚名,除四害是运动群众等等,敢怒而不敢言。同时,在"左"的影响下,我也违心地讲过不少错话。

但在文化大革命中我接受了过去的教训,有自己的独立思考,没被来势凶猛的群众运动所左右。出于对单位的稳定和事业的安全的考虑,我反对搞"四大",曾被造反派说成是铁杆老保。对揪出刘少奇,打倒革命老干部,说刘子久是叛徒、邓克生是"黑帮",母亲邓评被迫害致死等事件,怎么也不理解。后来邓亭隔离到了农场,我就当了逍遥派,以怀孕、生产、身体不好为由,懒得参与各种活动。更令人伤心的是,将我们这些由党直接培养出来的50年代前后的技术干部都视为异己份子而大肆处理,我也被迫离开了热爱的技侦事业,从此结束了我战斗的青年时代。

奔波的中年(39至66岁)

邓亭于1967年12月母亲被迫害致死后,1968年4月进南京军区白水桥学习班;1968年11月调离业务岗位去农场劳动;1969年5月调合肥大蜀山军区五七干校。

五七干校因邓亭是"三门干部",是五局"尹、顾、张的大红人","资产阶级科研路线的学术权威"并有严重的家庭问题(刘子久是"大叛徒",舅舅邓克生是"黑帮分子",母亲又被批斗致死),加之他在学习班"表现不好",没有违心地批顾局长,又说"张本清不像坏人",以至引火烧身、罪上加罪,在五七干校的劳动改造还嫌不够,又去肥西南岗大队支农。并株连在合肥十五中借读的大女儿邓效群,硬要她去安徽萧县插队,我愤愤不平,即去安徽省知青办了解到在校生下放的条件为"十六周岁以上,学习有困难的,户口在城市的",这三条都不符合邓效群,(她年龄不满十五周岁,学习成绩一直很好,户口在大别山),但十五中和干校仍是步步紧逼,一次次上门动员,我就理直气壮地回答他们:我女儿不够下放条件,等她够了条件我会主动送她下乡。个别人还煽风点火,一次次上门威胁说:"确定为下放对象是不能再上学的,也不能当兵的,是要注销户口的"等等,在万般无奈之下,为了躲避骚扰,我只得将女儿送到上海妹妹家,要她好好自学。在那里她经常为隔壁的居委会主任抄写材料,练出一手好字,这是意外收获。

1970年底,五局又有十个女兵参军名额,因为大多数干部的孩子都在1969年走了,有的干部把老家的七姑八姨都叫来参军了,还在局业务指导处工作的寿靖得知此信息后,立即通知我要邓效群尽快赶回大别山,在军务科长冷宗文和卫生科鲍军医的帮助下,得以报名参军。后来她在军区测绘大队表现不错,历年被评为技术能手,顺利入党提干,成家立业。

1970年底,组织上正式决定我复员,去哪里?当时我思想斗争很激烈,回上海是顺理成章的,条件也比其他同志优越。我原来工作的华阳纱厂,已改制为上海国棉五厂,其生产规模、生活条件已大大改善。而且那里有我许多熟悉的同志,我妹妹还在那里,她向厂里提及此事时,厂领导表示欢迎,并允诺享受复工复职复薪的待遇。我的一个老同事、原华阳纱厂的练习生胡 XX（1949 年去军大学习，毕业时因故复员回厂，时任国棉五厂工程师），也劝我尽快回去，厂领导正好缺额，我是最理想的人选了，房子、孩子、工资等都好解决。

但是我想到邓亭因母亲屈死后，政治上压力很大，思想情绪也很郁闷，此刻我若离开他，无疑他将更孤独、痛苦了，我实在不忍心看到他精神上遭受更大的刺激，患难夫妻理应同甘共苦，孩子们也需要共同关爱和教育。因此我下定决心，放弃回上海的念头，我们一家人生死与共决不分离，邓亭到哪里我就到哪里，哪怕条件再艰苦也心甘情愿。1971 年初，邓亭去江苏生产建设兵团报到时，巧遇政治部主任刘志诚（他原是五局政委），问及我的情况后，当场决定要我也去兵团，说"兵团很需要像她这样的女干部"，从此，我的命运又发生了戏剧性的变化。我们全家一起去了江苏响水的建设兵团二师八团，邓亭在司令部任副参谋长，我在政治处当组织干事。那里各方面条件虽然很苦，大片发白的盐碱地，看不到几棵树，吃的水也是咸的，一刮大风满天飞沙，但我们全家人同甘共苦在一起，仍然其乐融融。在那里生活了二年半。邓亭于 1973 年 7 月奉命调江苏生产建设兵团清江化纤厂任副厂长，主管生产。我在厂政治处当组织干事。直至 1975 年夏，邓小平下令撤消生产建设兵团，所有干部回原单位，我们又回到了大别山五局。

在建设兵团的四年半中，值得一提的收获是结识了一批下乡知青和技术人员，有的至今仍与我们保持着良好关系。

当时五局情况仍很复杂，是非没有分清，新老班子间矛盾很多，文革中两派群众的隔阂仍然存在。邓小平又一次被打倒，再次批判右倾翻案风，当时的局领导毫无让我们留下来长期干的表示，我们的前途未卜，思想上作好再次被调离的准备。

1976 年 6 月，军委命令将对台技侦任务，由南京五局移交福州三局，我们也因之成建制调到福州。

不久毛主席逝世，粉碎"四人帮"，邓小平再次复出，使我们重新见到了光明。随之三中全会与科技大会召开，大大鼓舞了我们的斗志。拨乱反正，重整旗鼓，恢复了正常工作秩序，重新组织力量，强攻顽堡，终于在1979年1月取得了突破性的胜利，为党的三部事业又立了新功。此时此刻，全处上下，扬眉吐气，意气风发。直接参加战斗的一处立了集体二等功，大部分同志获立功或奖励，作为战场直接指挥员的邓亭也受到立功晋级的奖励。这是他为三部事业奋斗的最后一次荣光。立一等功的蒋宝华后来被授予将军衔。可惜我当时因肝炎住院未能参加，成为终身的遗憾。

单位转移到福州后，随着业务的发展与装备的改善，成立了电子计算机专业处（二处），除原装备的总参三部自产的J101中型计算机外，三部又将洛阳外院新研制成功的、国内最新的一台大型计算机J103（一秒70万次）拨给了我们。J103有十三个通道，属分离原件，维修任务十分繁重。我被调任为担负该机硬件保养与维修的二处二科政委。

我们科的任务是保证机器的正常运行，实行24小时不间断值班，工作十分繁忙，（节假日还要接待省、市和军区首长的参观）。全科五十多个同志，大部分是1970年前后参军的，干部子弟不少。他们长期由洛阳外院代管参加研制工作，上岗前未经严格的训练，思想作风自由散漫，组织纪律性差，政治思想工作十分艰苦。好在科里四个干部齐心协力，依靠党支部的力量，从个别谈心开始，通过形势教育和传统作风、组织纪律的学习，逐步走上轨道，多次被评为先进科，我也因此受到表扬。

三中全会后，落实改策，拨乱反正，平反冤、假、错案，形势一片大好。紧接着，真理标准的讨论振聋发聩，使我从"两个凡是"的思想束缚中解放出来。当时，作为支部书记的我，在组织同志们学习的同时，自己也密切关注讨论的一切进展，反复认真学习有关文件，还邀请党校的翁思盛教授来作专题辅导，思想产生了一个飞跃。特别是全国科技大会的召开，使我十分明确地意识到一个新的伟大时代即将到来，这将是一个以科学技术为先导的新时代，我觉得作为技术人员，我们还可以在这个新时代有所作为，而孩子们在十年动乱中已被耽误得太多，迫切需要在一个安定的环境下，好好读书，才能适应新时代的急速变化。上海是中国现代工业的摇篮，也是我国科学技术的前沿，在这里我踏上了革命的征途，我还想在这里开始我的新生活。八十年代初，部队开始整编，强调干部年青化，我们这些五十岁上下的同志不得不考虑今后的去留问题。

当时，邓亭已调离一线，到局技术研究室任专职研究员，即将离休。我也到了部队退休年龄，如继续占着位置，势必阻碍其他同志的升迁。尽管领导上在安抚军心，劝我们安心工作，但我已萌生了转业到上海找个合适岗位继续再干几年的想法，同时也可为邓亭离休进上海创造"生活基础"的条件，为孩子的求学、转业提供良好的环境和机会。我去意既定，毫不犹豫，很快就打了报告，争取到转业上海的名额，于1983年7月完成了由军到民的转变，整个过程还算顺利。事后军转办的陆坤林告诉我，曾有一封匿名信无中生有检举我走了胡立教后门，他们未予理睬。

我到上海后通过沙涛同志介绍找到上海统战部干部处处长张英然，当时统战部门刚恢复办公不久，各下属单位正需要人，爱建公司负责人戚正元和干部处曹庆云看了我的档案，很快就定下来，分配我去爱建公司人事处任副处长。在等待正式通知、办理移交手续前，张英然要我先去统战部干部处帮助工作，接替朱惠民（已调政协）搞落实政策复查后期的文字结案工作。我把它看作是地方工作实战锻炼的好机会，尽管是尽义务，我干得很卖力。当时落实政策的对象大部分是民主党派的知名人士，工作的政策性很强，时间紧迫。半年中我经历了调查资料、起草文稿、与本人见面、修改、再见面到定稿、打印、存档的全过程，完成了三十多份落实政策复查文字结论。这期间，让我参加了一期统战部的学习班。1982年底又送我去市委党校学习了半年。总的对我反映不错，

当我准备正式上班时，恰逢要撤出各民主党派中的共产党员干部重新安排，我原来爱建公司人事处副处长的位置便被在党派撤回的许大苏占去，统战部重新分配我去市政府参事室（当时不懂得应向军转办报告）。党校结业后，我就去参事室报到上班。半年后军转办检查团以上干部的三落实（工作职务、工资待遇、住房）情况时，却找不到我的去向，几经周折才查到我在参事室，批评我为什么没有及时反映，并提出要和统战部交涉，不该未经协商就自行改变转业干部的工作岗位，并问我是否要军转办重新安排，我感到参事室工作还可以，又碍于情面，怕让张英然为难，反正我也干不了几年，就息事宁人，劝说军转办不要去交涉了。

上海市政府参事室成立于1951年3月，是统战部和市政府双重领导的统一战线重要单位。当时参事的组成，包括国民党的起义将领，民主党派领导人，有历史贡献的知名人士等。文革中遭冲击而瘫痪。

我到参事室时，刚恢复办公不久，一共只有十几个工作人员。百废待兴，要做的事情成堆，我和徐力负责组织工作，主管四十多个参事，他们在文革中都不同程度地遭受过伤害，急需落实政策，解决工资、房子、子女安置等问题。我刚去时感到千头万绪，无从着手，便习惯地从调查研究开始，逐个访问，查阅资料，摸清情况，很快就整理出一份简明扼要的参事概况表，除一般经历外，着重反映急待解决的问题，并就此制订了工作计划，分轻重缓急，逐个落实政策解决。虽然工作量很大，我干的认真卖力，经常是白天收集素材，晚上加班整理成文，忙得不亦乐乎。

期间，也遇到过难题，如张学良的卫队长孙铭九（西安事变参与活捉蒋介石者）1945年即投靠共产党，由于当时形势较复杂，组织上叫他在家等待，至1948年才正式分配工作，历来档案中均以1948年为他参加革命的时间，孙一直有不同意见，提出1945～48年这段怎么说。我反复思考觉得孙本人言之有理，本着实事求是精神向统战部和组织部据理力争，经多次讨论，有时甚至争得面红耳赤，最后他们采纳了我的意见，将孙参加革命时间改为1945年，孙及其家人均很满意。这事也使我体会到，在有事实根据的基础上，要敢于据理力争，不轻言放弃。

经过一段时间的实践，我对参事室工作开始适应了，但是人际关系的复杂性是我始料不及的。主要矛盾集中在主持日常工作的参事室副主任曹某身上。她是平反右派，对她过去的遭遇大家深表同情，作为支部书记的我更是注意支持她大胆放手工作，共同努力把参事室搞好。但是在此后的工作中，发生了一系列的问题，开始大家还能谅解，她毕竟二十多年未工作了，遇到问题我总是为她解脱分担责任，但是，终究未能避免我和她之间在原则问题上的分歧。

如袁某的调动问题。袁是本室小陆推荐的某厂党委重点培养的第二梯队人选，经我和徐力的实际考核审查，认为符合参事室所需要的条件，政治上是党员，工作能力强，文笔较好，会电脑，年龄又轻，该厂党委表示如市级单位要调，他们只能忍痛割爱。于是上报了书面材料，曹也和袁当面谈话许诺，调来做组织人事工作，袁回去就打报告辞职了。可没过几天曹突然变卦不要袁了，擅自调来了长宁区的黄××，后经了解，黄是政协餐厅经理介绍的，曹纯粹是为了日后去餐厅就餐方便才收了黄，袁黄无论思想品质，文化素养，还是工作能力等都相距甚远。此事上下反响极大，袁已辞职，哪能如此不负责任的反悔，统战部干部处长张茵青得知后，看了材料当场提出参事室不要我们要，袁即去统战部干部处上班了。（袁现为外经贸部的ⅩⅩ委办主任，后来他在工商学院学习英语时找我谈及此事，还忿忿不平责怪曹。）

又如曹违反处以上干部由统战部干部处调配、任命录用的规定，和先审查后录用的组织原则，擅自决定调市信访办组长ⅩⅩⅩ来参事室当办公室主任，统战部得知后经查此人文革中有问题，才予以制止，但为时已晚，市信访办已开了欢送会，弄得十分被动尴尬。

此类无视政策纪律、自作主张的事，屡有发生。至于平时那些惟我独尊、以权谋私的事就不一一说它了。

又根据上级指示，为了消除参事们在文革中身心受到伤害的影响，可以组织他们外出参观访问，以利其开阔心胸，接受新鲜事物。1984～86年间，我们曾多次组织参事们去浙江、陕西、安徽等地参观考察，接待单位都很重视。但由于曹的自以为是，信口开河，妄自尊大，发生了许多不愉快的事，大家总是高高兴兴而去，意见纷纷而回。其中西安之行最为突出，在西安曹突然提出要去洛阳，这本来不是计划内的安排，并涉及省际关系，西安方面表示难办。曹竟当面指责西安参事室夏主任是强调困难不想办。又在省、市领导召开的座谈会上，信口批评延安不开放林彪的窑洞是思想僵化，等等，给上海的形象造成很不好的影响。后来西安参事室的同志多次提及此事。事隔多年，接任参事室副主任的张某一次去西安参事室开会，竟被当面告知上海参事室的领导不受欢迎，弄得张无地自容。

此类事件不胜枚举，许多参事和工作人员，通过多种渠道向上作了反映，统战部党委也作过调查，令人费解的是他们没有采取任何措施，任其发展。由于我多次劝阻曹的错误言行，她怀恨在心，便对我百般刁难，施行打击报复，在我刚届退休年龄时，硬迫我在一张白纸上签名，企图表明我的退休是自己主动要求的；在每月上报的干部统计表中把我从处级降到科级，（后被统战部干部处发现后纠正）。我在参事室1983年3月～86年10月三年多中，没有明确的职务，一直处于试用期，违背了军转干部使用3至6个月必须明确职务的规定。

这段时间，有两次会议让我感到困惑：

一是我去参事室不久，在和大家个别交谈中，发现相互间对领导都有些意见，作为党支部书记的我，就按部队的习惯，安排过一次组织生活，让互相谈谈心以消除隔阂，会上竟然鸦雀无声，没有一人发言。事后他们都指责我怎么这样傻，我一直不知错在哪里。

二是我退休后，统战部召集了一次离退休老同志的座谈会，征求对曹的意见，会上只有我发了言，其他人一言不发，其实他们的意见很多而强烈，这又是为什么？究竟什么使得他们如此怕事，表里不一？

这两件事说明了我们党内的民主生活极不正常，同志间不能坦诚相待，没有批评和自我批评，造成了相互关系的隔阂，由此使我想到部队生活的严格、单纯，战友间坦诚直率的友情是多么珍贵。

回顾在参事室的这段经历，让我接触了社会实际，感受到了人际关系的错综复杂。同时也暴露了我长期在部队封闭式的环境与教育中形成的许多弱点，如对地方工作的复杂性缺乏思想准备，存在理想主义，对人对事要求过高，过于直率认真，思想方法简单、急躁等。

也使我深切感觉到党内没有正常的民主生活和批评与自我批评所造成的严重后果。在干部考察、使用、监督制度上的弊端、漏洞，使得某些人利用手中的权力，任人唯亲，打击报复，甚至为所欲为，贪污腐化。

从参事室这一局部可以看出我们党的肌体已患了重病，党员素质严重下滑，党内监督机制不力，使党丧失了免疫力和战斗性，这是令人十分担忧的。

1986年10月，我退休后的第二天，经许振东介绍，就以返聘的身份去市工商学院教务处上班。

工商学院是两会（民建会、工商联合会）创办、经国家教委核准的全国第一所民办全业余的成人大专学院,民族资本家汤蒂茵（即"金笔汤"）是第一任院长,校址在香港路59号,1985年正式招生开班,设外贸、企业管理、金融保险、财务会计等系,全市统考入学,学制三年,国家教委签发毕业证书。聘用的教职员工,多数来自各大专院校的退休教授、教师和机关干部,该院由于适应了当时广大返城知青渴望学习的迫切需要,和体制管理上的优势,发展很快,生源很多,办得火热,多次被评为全国先进院校。

我在教务处,分管财务会计系,同学最多时有300多人,分六个班。我与系主任彭镇秋和任课老师主动配合,较好地完成了各项教学任务,得到老师和同学的好评,每年年终都拿到奖励红包。

在工商学院一直干到1997年春去英国探亲止,前后12年,可说是全身心的投入,每天来去匆匆,中午12点出门去上班,晚上10点多才回家,确实很紧张而辛苦,但是心情很舒畅。这是我回上海后工作最顺利,心情最愉快的一段。因为教职员都是退休后聘用,彼此不存在利害关系,相处十分融洽,至今我们还经常联系聚会。

我在那里学到了不少知识,并结识了一些知名的老教授（师）,和一批积极上进、勤奋好学的有志青年,他们后来大多成了单位领导骨干,使我由衷地欣慰,这也就成为我一生中最后一段值得留恋、难忘的工作经历。

幸福的晚年（67岁以后）

我有一个相知相爱的老伴,我们有共同的理想和事业。长期在三部系统工作,直到离退休后定居上海。

他是一个文弱书生,性格孤僻清高,不喜张扬,不善交往,他对我们影响最深的是：

他勤奋好学，与时俱进，不断追求新的知识。在他的影响下，孩子们（含第三代）都很爱读书，好学上进，成绩优秀。他还在书房里写上"远离铜臭，近沐书香"，勉励我们好好学习。

他胸怀开阔宽容，为人正派，从不背后议论别人。这使我们全家，特别是孩子之间，团结友爱，互相关怀，从未发生过脸红争吵的事。

他光明磊落，表里一致，不讲违心话。文革中因坚持说真话而遭受打击。

他的言行和为人，为全家树立了良好的家风。这家风后来概括为"善良、诚实、好学、自强"。

他心态特好，无论受到多大的委屈，都看作是小事一桩。如1961年，我家从上新河搬回高楼门时，宿舍内一张桌子的屉斗及床上的棕绷都被原住户带走了，管理科向他们要了回来。可在党委会上却有人批评他是资产阶级享乐思想，事后有人向我说了此事，我就问他为什么不作解释，他却说：小事一桩，懒得说。对自己的身体有病也从不放在心上，处之泰然。

尽管我们性格各异，如他内向，我外向；他遇事冷静、谨慎，我急躁、易激动等等，但能彼此互补，和谐相处，同甘共苦，相濡以沫地度过了文革中最艰难的日子。

我们有一个共同的事业，长期战斗在三部技侦战线上，他因工作突出，多次立功受奖，也是三部华东局最早（1953年）三个研究员之一。

1985年离休后，他离而不休，先后应聘在上海市社会主义学院，市对台办，从57岁干到70岁（1986～2000年），在没有任何干扰的环境下，一心一意，痛痛快快地干了十四年。期间，曾参与统战政策与统战干部教材的编写。并在报刊杂志上发表了46万多字的涉台文字，得到有关部门的好评，曾有人当我面说他"政策、理论水平好、思想作风踏实、正派""思维敏捷、文笔好、出手快""一个人能顶三个用""他不但上课好，人也好""不计报酬，埋头苦干"等等。在台湾研究会上称他为"老法师"，也曾得到多次奖励。这些虽然是礼节性的客套话，但也确实体现了他自身的价值，这也得归功于三部光荣传统和优良作风的长期教育培养的结果，我也为他而高兴。这是他一生中最后一段值得回忆的经历。

我们家的三个孩子，通过自己的努力，现都成家立业。

老大邓效群，1971年去测绘大队当小兵，1985年转业回上海市土地管理局。她努力上进，自学成才，先后通过了大专自学考试、房地产估价师（区、市、国家级）的职称考试，和华东师大在职硕士研究生的学习（全业余），取得了房地产经营管理硕士资格证书。她在市府体制改革之际，下海创业，从事房地产估价、营销、开发，工作十分辛勤，事业初具规模。她对我们的照顾关心最多，无微不至。她女儿复旦大学生命科学院毕业后，直接去英国剑桥大学攻读生物博士生，享受全额奖学金。

老三寿肖芒，发展最顺利，1989年复旦信息科学系毕业后，受聘于欧姆龙公司，1991年去日本研修一年，后又去新加坡工作，1994年去英国谢菲尔德大学攻读硕士、博士学位，享受全额奖学金。毕业后，留校当研究员，现定居英国。

老二邓元，一直好学上进，喜欢钻研。高中毕业后下放江苏建设兵团农场劳动，很能吃苦。在无书可读的年代，艰苦劳动之余，仍抓紧学习马列和鲁迅著作。一年后调清江化纤厂，1978年通过自学，考上了南京化工学院，1982年毕业，分配在仪征化纤公司生产科，随即派往美国培训。在仪化工作几年后，又去北京化工学院读硕士研究生，于1996年辞职去英国谢菲尔德大学攻读化学博士学位，享受全额奖学金，导师说他"年龄虽大，但实力较强"。毕业后去加拿大发展。现定居在加拿大多伦多。在谢菲尔德和多伦多的华人圈子里都对他有较好的口碑。

我们家现有三个博士生（加上三女婿就四个）。他们都事业有成，自立门户，不用我们操心。

1997年4月我才真正退休，享受两人世界的悠闲生活，先后四次去英国探亲、旅游，到过伦敦、剑桥、牛津、约克、威尔士、伯明翰、曼彻斯特、谢菲尔德等历史名城。参观过莎士比亚故居，邱吉尔庄园等等。

2003年去加拿大探亲旅游，参观了多伦多市区、尼亚加拉大瀑布和加东风景区。2006年由赵欣蓓和陈丰陪同专程去法国巴黎游览。

这些旅游经历，是我过去从来都不敢想象的，确使我大开了眼界，不但饱览了诸多异国风光，人情世态，而且对资本主义社会也有了直接接触，对于我们要建设的社会主义也有了新的思考。

我还游览了大半个中国，饱览了祖国大自然的奇异风光和锦绣河山，悠久的历史文化、民俗等人文景观，让我获得了精神上的享受。作为一个中国人是多么的自豪，我爱我的祖国，只要身体许可，还将继续旅游，充分享受大自然。

我们还有一个有过共同经历，知根知底，志同道合的老友圈子，不时联系聚会，交流感情，畅谈人生，享受生活，其乐无穷。

我们的经济条件一般，略有积余，但精神生活很丰富、充实，每天读书、看报、上电脑、看电视，并不感到无事闲。

我们的生活简单而有节奏，按时作息，无忧无愁，吃好睡好，坚持健身散步。

我们的晚年生活，真是快活似神仙，过去连做梦都想不到的，我对此很满足了。

回顾我的一生，主要干了两件事：前半生：一心为党的技侦事业日夜战斗；后半生：为教育培养后代尽心尽力。

解放前艰难困苦的家庭和社会环境，培养了我独立、自强、自尊、自爱、勤劳刻苦的品格，从小即决心靠自己的双手开创自己的未来，从未幻想过依靠别人、不劳而获的生活。我从心底里同情穷苦大众，本能地关心与帮助不幸者。我爱憎分明，崇尚正义与公平，对看不惯的事就得讲。我敬重真才实学的老实人，厌恶不学无术庸俗势利的小人。我可以吃苦耐劳，但受不起委曲。我对荣誉、享受没有奢求，也不羡慕，只求做一个平实的、率真的、问心无愧的人，与世无争，无求于人。这就是我。

我有幸投身于党的三部事业而感到不虚此生。前后卅多年技侦工作的实践，教育培养了我们埋头苦干、艰苦奋斗的作风，与时俱进的革新精神，实事求是的思维方法，调查研究的工作态度，严谨缜密的办事风格，给了我宝贵的思想财富和工作能力，让我终身受益。使我转业和退休以后，能在十多年的地方工作中继续发挥作用，得到领导和同事的肯定，这也是构成我"幸福的晚年"生活的一个重要原因。

我生长在祖国苦难而悲壮的时代，显得极其平淡、渺小，我的存在微不足道，真像是大海一粟。我爱大海的辽阔无际和胸怀坦荡，我爱海浪的前仆后继，永不停息；我愿意像海鸥那样，不畏暴风骤雨，自由飞翔在天地之间，安详地走向我生命的终点。

2007 年 7 月 19 日定稿于上警干休五所

邓评,一位坚强的新女性

——奉献于母亲灵前的一柱心香

邓 亭

我母亲邓评(曾用名邓德润、戴云)坎坷的一生,前四十年在旧社会之尾,后十八年在新中国之初,正处于新旧更替、天翻地覆的巨变时代。社会转型期的各种复杂矛盾,造成了她多舛的命运,而不断与命运作抗争,锻炼出她的坚强性格。她的五十八载的短暂人生,既是这种性格形成的过程,也是性格造成的结果,所谓性格即命运也。

邓评 1909 年冬出生于湖南长沙一小纸商之家,虽然衣食无忧,但封建脑袋的祖父不允许女孩子上学。九岁以前只是由粗通文墨的母亲教她念书识字,见弟弟上了正规学堂,便不断与父母纠缠,先争取到刺绣女校的上学机会,经过自修算术、英语,1924 年春在母亲默许下自行报考了楚怡小学和豫章小学四年二期插班生,结果两校均录取了,择近进了豫章。父亲知道后叹道:可惜不是个男孩子。祖父虽不赞成也无可奈何。这是邓评第一次依靠自身奋斗取得对前途的自主权。

由于读书机会来之不易,邓评学习十分用功,因成绩优良,每学期都得到免交学费的奖励。小学毕业前,老师告诫同学们,说长沙师范是国民党左派的大本营,切不要进那所学校。这话触动了她的逆反神经,于 1926 年夏小学毕业后偏偏报考了徐特立办的长沙师范，被录取插班二年一期。当时正是北伐战争胜利及农民运动兴起，在长沙师范强烈革命气氛感染下，邓评参加了国民党（左派），1927年5月间参加过集会、游行，半夜从家中偷跑出来参加下乡宣传。不久，革命形势逆转，白色恐怖笼罩长沙古城，邓评暂避乡下亲戚家。这第一次带盲目性的革命实践如昙花一现，并没有促成她的人生转折，但多少让她有了和革命群众运动初步接触的体验。

1928年初，邓评回城入岳云中学就读，对前途感到彷徨。这时，幼时由父母做主定下的姨表亲对方要求完婚，邓评勉强同意了。夫家在益阳城内开一爿药店，她在柜上协助管帐，起初夫妻感情尚可，她亦安于从此作个贤妻良母。可是，翌年十月生下儿子后，丈夫开始在外花天酒地，回家对她逞凶使性，甚至把刚学步的儿子从门槛上踢滚在地，血流满面，令她伤心绝望至极。她提出携孩子回长沙的要求遭拒绝后，便以绝食相对抗，绝食到第五天夫家终于同意了她的要求。于是她带着一岁多的儿子登上了益阳开往长沙的轮船，丈夫假惺惺地到码头相送，当汽笛长鸣、船舷离岸的瞬间，她毅然摘下指上的结婚戒指投入湍急的资江激流中，以示自己誓不回头的决心。

回到娘家后，经与家人和同学商量，决定继续升学以求自立。在明宪女中读完初中后，又在省立二女中修完高中课程，以优异成绩于1935年毕业。期间，夫家来将孩子索走以逼她回去，她揣着"回到家庭还是走入社会"的矛盾心情投书沈兹九，沈鼓励她坚持走上社会。后来，孩子因经常吵闹与生病，也被送回她身边。这时，日军侵华引发的民族危机日趋严重，"一二·九"学生运动的波澜已蔓延至长沙，思想进步的克生弟常拿些《大众哲学》、《生活周刊》等书刊给她看，给她的思想打开了新的视野，开始把个人的不幸与国家命运联系起来。她和同学一道参加了抗日救亡的"妇救会"，有时，帮克生主办的《湘流》《民族呼声》刊物作些校对、发行工作，与爱国进步人士有了更多接触。抗日战争全面爆发后，她和几个同学同去有"华南延安"之称的桂林，考入广西大学经济系。有机会从李达、千家驹老师处读到马列主义哲学与经济学方面的书籍，并看到《群众周刊》《文摘》等进步刊物，对共产党有了更多认识，萌发了入党的要求。1938年7月14日在长沙由杨荣国兄弟介绍参加中国共产党，实现了她生命意义上质的转变。

入党后，她全身心地投入党组织交给她的各项任务。先是利用长沙东乡葬父田庄的房屋，自筹资金、用具开办农民义校，除了学文化，还进行抗日救国宣传活动，并在农民中开展建党工作。因局势恶化，义校只办了两个月就解散了。此后，她奉命在东乡开展妇女工作，直接领导她的县委某负责人，对这个剥削家庭出身的知识分子并不信任，对她的工作表面上不加过问，暗地里布置人监视她。当局势更加紧张，党组织即将撤退之际，有意中断与她的联系，企图将她"丢包"。邓评在连续写信请示得不到答复的情况下，经过一番奔波，终于找到了正在开县委会的领导同志，当面与那位负责人对质，澄清了事实真相，得到了毛道恂等领导的同情与支持。后来，徐特立同志还就此事予她以鼓励。

1939年1月起，邓评担任省工委机关报《观察日报》记者，开始了她的新闻工作生涯。经常出入九战区机关及市区各个角落，采访与报道敌机肆虐、军民团结抗日的消息。5月奉派至"育英儿童抗敌工作团"兼任顾问，带领一批孩子跋涉于湘南、湘西各县，用群众文艺形式进行抗日宣传。后迫于战局日紧，上级决定育英团分散活动。她离开育英，于11月被派往桂林工作，受龙潜同志领导。

到桂林后，邓评利用原在广西大学的关系，由千家驹介绍给郭德洁女士（李宗仁夫人），以公开身份进入当局的上层妇女组织，并争取到去重庆宋美龄主办的妇女高干班受训机会，直接受到邓颖超同志的指导。随后在桂林一带做妇女与伤兵工作。1940年以后，广西工作环境日渐恶化，进步人士纷纷撤离桂林。在组织的安排下，她和克生弟等人于11月经香港到上海。1941年4月，她进入苏北根据地，到达盐城新四军军部，从此开始了敌后斗争生活的新一页。

在新四军军部，曹荻秋同志向她介绍了情况，分配她去《老百姓报》社工作，先参加盐城县农救会与活动分子会议。根据地物质生活条件虽然很艰苦，但到处充满革命的活力，人们为着一个共同目标而忙碌，可以公开地学习与讨论革命理论，用不着提心吊胆，用不着掩盖自己的真实思想，这很符合邓评的性格，她感到一种前所未有的精神上的解放，而对生活环境的改变很快便适应了，她以高涨的革命热情迎接各项工作任务。

1941年8月，日寇对盐城地区进行大扫荡。在转移中，邓评与县委失去联系，便在三区帮助工作一个多月，三区环境紧张又转移到五区。恢复与县委联系后，10月调建阳县委宣传部办《五日报道》，兼搞冬学工作。1942年1月调《盐阜报》作编辑并分管通联工作。在盐阜报期间，她报道过"东坎店员救国会成立大会"、"东坎店员分红斗争胜利"、"阜东县工救大会成立"、"东坎儿童团检阅大会"等活动。1942年11月至1943年4月日寇大扫荡中，邓评坚持东坎区的宣教工作，边埋伏边采访。反扫荡斗争胜利后，1943年5月调淮安县委任教育科长，主办了四期妇女干部训练班。在训练班与来自基层的妇女干部共同学习中，她获得了许多平时不易了解的实际材料，充实了自己的头脑。至此她更加明确地意识到，像她这种学生出身的干部，只有深入群众、深入实际才能把工作做好，这也成了她毕生的工作信条。

1944年3月，为配合新四军车桥之战清除敌据点、扩大根据地的任务，邓评到泾口区开辟新区群众工作。这里工作基础较差，一切靠自己去调查研究，逐村逐户地组织与发动群众。经过两个多月的艰苦工作，终于打开了局面，邓评也"尝到了真正接近群众的基层工作的滋味"。8月形势恢复稳定,她又回《盐阜日报》工作。1945上半年,邓评参加了盐阜党校的整风学习,清理与总结入党以来的思想历程,怀着抗战即将胜利的喜悦,于下半年回报社任通联科副科长。抗日战争胜利后,随报社于9月下旬进入刚收复的淮安城。1946年她又被调到章蕴同志领导的华中妇联工作,准备迎接新民主主义建设的新任务。

谁知好景不长,蒋介石1946年6月又发动了进攻苏北解放区的内战,两淮机关纷纷向乡下疏散。邓评先是随华中妇联辗转于苏北、皖北各地。1947年在鲁中前卫报社,曾记集体三等功。1948年转进到豫皖苏区党委做妇女工作。当时这里正是敌我斗争的最前线,过的是游击生活,在一个地方住上三天就要受到警惕性不高的批评。5月初的一天早上,敌十一师过境,邓评她们正准备转移,敌人已从三面蜂拥过来,她们忙向北躲避,子弹从头上嗖嗖飞过,邓评一口气跑了十多里地,实在跑不动了,坚持到村口一农户门前,一位大娘立即给她换上本地装束,塞给她一把小锄和篮子,让她到地里挖菜。邓评蹲在一个土坑内,一会儿敌军就进了村,人喊马嘶听得清清楚楚,她屏住气,枪上膛,准备拼命。幸亏未被发现,而一道行动的另外两个女同志都光荣牺牲了。

1948年夏天,经宋任穷、章蕴同志介绍,她与刘子久结婚,9月被调到新华社中原分社,12月调中原局妇联筹委会,郑州、开封解放后,又到该两市妇联开辟工作。北平和平解放后,1949年5月,随刘子久调到北京。至此,苦尽甘来,十多年不安定的战时生活总算结束了,但前面等待着她的并非全是阳光与鲜花。

进京以后,邓评便在总工会机关从事政策研究、编辑《中国工运》等工作,虽然很轻松,但经常有缺乏实际经验的空虚感,要求下放基层的想法愈来愈强烈。1953年6月,终于争取到去石景山钢铁厂挂职代理工会副主席半年的机会。在石景山,她以高涨的革命热情投入经济建设的第一线，切身感受到生产实践的丰富内容，进一步坚定了到基层工作的决心。随即利用与陈少敏大姐（时兼全国纺织工会主席）作邻居的关系，于1953年底正式从总工会调到纺织工会，参加北京国棉二厂（当时全国最大的棉纺厂）的筹建工作，并被派到青岛国棉六厂（创造郝建秀工作法的厂）学习技术及培训工人，直到1954年10月回京。期间该年6月有一个赴苏联考察的机会，因培训任务紧张也主动放弃了。从1954年10月到次年9月16日京棉二厂正式开工的三百多个日日夜夜里，她和工人们一起，经历了安装、调试到试生产全过程。最难忘的是1955年5月中旬的一天，敬爱的周总理来厂视察，她作为工会主席参加了接待，亲自感受了总理严肃认真而和蔼可亲的风范。

京棉二厂开工后，组织劳动竞赛，提高产品质量，完善福利设施……忙得不可开交，加上常有领导与外宾来参观，压力更大，邓评一周也难得回家一次，工作与亲情、家务的矛盾日益突出。组织上为了照顾她，要调她到市机关工作，但她舍不得离开已融入她全身心的二厂，舍不得离开朝夕相处的工人们。在矛盾中坚持到1957年3月，她才调到纺织工会宣传部。1959年初干部下放高潮中，她又主动要求回基层，被调到北京制药厂、橡胶二厂当领导。成天忙于跃进、超产、献礼，虽然十分辛苦，但她感到："像我这样剥削阶级家庭出身的知识分子干部，要早到这样火热的工作中来锻炼多好啊。"

1964年8月，她随刘子久调西安，分配在西安晚报社当总支书记兼副总编。"文革"开始后，她因来报社时间不长，日子还比较好过，仍像历次运动一样，积极带头学习，自觉检查思想，并"自信不会成为黑帮分子"。后来，文革转入"革命群众"内部两派斗争阶段，邓评被夹在当中而无法做到不偏不倚。1967年，一次因她拒绝签发冠以"革命的打砸抢万岁"通栏大标题的清样，得罪了造反的一派，从此遭到审查和批斗，"假党员""国民党特务""地主资产阶级的孝子贤孙"一项项罪名栽到她头上，她倔强的性格，复导致批斗不断升级，由报社内部到拖上大街，由文斗到武斗，多次被打得鼻青脸肿，站立不支。当听说下次要到钟楼（西安闹市区，已有多人在该处被斗死）批斗后，邓评选择了出走。她于11月19日悄悄登上了东行的列车，举目窗外，茫茫大地，哪里有她容身之地？思之再三，只有到当解放军的儿子那里也许能受到政策的保护。于是转车南下，赴皖西儿子的驻地。谁知解放军营区也不是世外桃源，"不得当防空洞"的纪律森严可畏。她在儿子处休息了一个星期，儿子的劝说使她重新鼓起了接受考验的勇气，便又搭车北上。刚到北京侄女家，西安晚报的人即找上门来，于12月7日带着她同车回西安。走时携带了她在北京买的议价油、大米和钢精锅、棉毛裤等物，表示回去要正确对待群众运动，"要斗就斗，要到钟楼就到钟楼。"

次日回到报社，刚进门就被拉去批斗，"畏罪潜逃，罪加一等"，批斗的火力猛增，两派轮番轰击，直至夜深。第二天又继续折磨了她一天。第三天——12月10日晨，她挣扎着伤痕累累的身子起来，到伙房买了两分钱酱油下面条。两小时后，负责看守她的青工呼救，说邓评自杀身亡，医务人员赶来抢救，业已断气。报社当即给她儿子发去急电一纸，寥寥八字，冷若冰霜："邓评已死，快来收尸"，而在当时政治气氛下，来有何用?!一个经过白区考验和炮火洗礼的革命干部的一生，就此草草了结，至今尸骨无存。

1973年3月，西安市委对她重新肯定了"历史上未发现政治问题"的结论；1978年3月，为她举行了象征性的骨灰安放仪式。1979年2月，报社召开平反大会，关于邓评的死因使用了如下措辞："惨遭毒打，迫害致死"，至于最后是死于自杀还是死于他杀，仍含糊其辞。根据邓评性格中开朗、倔强的一面，根据她被带回西安前的思想状态,"自杀"的结论难以使人信服。而基于她性格中具有的刚烈的一面,当她一回来就受到始料莫及的两派夹击,身心交瘁,对现实完全绝望之余,以一死相抗议,以一死作倾诉,也是合乎逻辑的。

令人深思的是,像她这样一个出身于非劳动阶级的知识分子,从救国走向革命,一辈子紧跟党走,不畏艰苦,不图名利,党叫干啥就干啥,时刻不忘先天的阶级烙印,真心实意地主动到工农群众中锻炼与改造自己。1953年为支援国家经济建设及文革开始后,两次将家中积蓄悉数作为党费上缴。无论是战争年代出生入死,还是建设时期夙兴夜寐,她都是严格要求自己,执行任务不遗余力。在背叛自己的阶级出身、改造自己阶级属性方面,可说是矢志不渝,做到了脱胎换骨,死而后已。即使在文革挨斗、身心受到严重摧残的时刻,她仍然争分夺秒、孜孜不倦的学习语录,虔诚地企求从"最高指示"中找到解困的箴言。然而,就是这样一个忠贞于党的教诲的干部,临了却得不到应有的尊重,受不到必要的法律保护,落个死于非命的悲惨下场,这岂不说明我们建国后的社会机制在尊重人权、维护人权方面存在严重滞后与失误吗!

正是"文革"这个反面教员,促使我们痛定思痛,党的十一届三中全会以来,在思想观念、政治体制方面开始迈出了可喜的改革步伐,而包括邓评在内的难以计数的"文革"殉难者的悲壮行为,庶几可以视为为共和国的进步而英勇捐躯,则其亲人也聊可自慰于心了。

邓评!安息吧,你的一生,无愧于你的抱负。你在天国,应不寂寞,更不孤独,有老舍、田家英、邓拓、傅雷等一长串不朽的名字和你为伴。安息吧!

2004年6月

邓评存世信函[1]

（八封）

第一封（1949年3月5日）

亭儿：

　　记得是在1946年6月的时候，曾经接到你的信，那封信一直到现在还保存着，在我想你的时候，就看看你的信，看看你的照片，和我熟悉的朋友，差不多每人都看过你的信和照片，当他们对着照片和信称赞你的时候，我就得到无限的安慰！我常想：两年多不见了，有一天见面的时候，我将不认得那个又黑又壮的暂时就是我时常想念的你！我也想：你在这两年多的进步也会不断的，因为你那时已经是一个候补的共产党员了；虽然有时惦念你，但你已经投入了永远润育你的大的母亲的怀抱，因此并没有什么不放心。今天，看到你1月5日给你舅的信，果然没有出我的预料和估计，这是最使我愉快而高兴的！

　　我是一九四七年十月第一批南下的，在启程南下的前夕，我还给了信你，在那一段时间，我也记不清给了你多少信；后来有人告诉我，说你们那批人很可能到京沪去做学生工作，后来又有人告诉

---

[1] 邓评，邓亭的生母，详见前文《邓评，一位坚强的新女性》。

我，说你们到东北学技术去了，此者虽如此，却没有打消我写信的念头，到了豫皖苏，还寄个一次性到那个什么大队的。去年九月到中原总分社工作，又有人告诉我，你可能和邓老到了中原，我又派人去打听，还是无着，后来我就想了一个办法，在报上写稿用我的真名（因为我素来不大欢喜用真名），想你看了报纸就会写信来报社问的，可是，这个办法获得的友人信件不少，还是没有你们（包括你舅）的。

我们南下到了中原地区，在一九四八年来说，这是斗争的最前线，当你们三查三整的时候，我们还在打游击，在一个地方住上三天，就要受到警惕性不高的批评。大概是去年五月的时候，敌十一师过境，正当准备转移的早上，敌人从三面迎上来了，我和许多同志向北去，敌人的美制子弹从我们的头上掠过，我一直跑，跑了十来里地，实在跑不动了，我就在一个庄上掩蔽起来，黄泛区的老百姓真好，她们马上给我化了妆，给我一把铁铲和一个篮子，叫我到野地里挖菜，没有半个钟点，敌人就上了庄子。后面、前面、右边都是敌人，马蹄叫嚣的声音都听得清清楚楚，我就蹲到一个土坑里面，握着枪，推上弹，准备敌人来了，至少也得打死他一个两个才够本。可是，敌人没有来。因此，我今天还能和你写信，同我们一道的，有两个女同志却已经在那一次牺牲了。在这一年中，我吃了许多苦，受了许多惊，也得到了不容易得到的新区土改经验，这是任何代价也换不来的。因为这样，组织上就把我调到报社，不允许我在那样的环境中下去工作；因为这样，也就又促成了我个人生活上的一个大变化。

郑州解放后，即到郑帮助筹备中原日报出版的工作，到十二月，中原日报正准备和大家见面的时候，中原局又调我做妇女工作；现在中原妇联筹委会工作。

因为感到实际的下层工作经念太少，最近又到开封市帮助发动群众的工作，想创造一些经念。

你变得活跃了，我知道的确很高兴，这也是我最担心你不易转变得一点；不过，单纯的活跃还不够，要在群众中活跃，换一句话说就是要学会善于接近群众，要了解群众的生活和疾苦，要和群众谈得来。你现在还是年轻的时候，只要下决心一学就会，过去对群众不了解，接近太少，现在可以弥补。要是再长期下去，要改要学就更难一些。我就是吃了不会接近群众的亏，群众许多生动活泼的材料，我不会去收集，也更不会把它表达出来，写东西脱离了群众的实际生活和需要，就没有更大的政治意义，不过供人取乐而已。

你能够试写一些剧本，这是很好的，望你继续在工作之余努力！要是你能以群众的实际生活为题材，写些群众喜看易懂的东西，那观众将是无穷，这也正是作品伟大之处。我们刚进入城市，报导和反映城市工人与贫民的东西太少，你若愿意从这方面努力，就可以在吃过晚饭后散步的时候，去多和群众接近，接近几次，就会知道他们的伟大，就会看出他们考虑问题的深刻和迅速，所谓"不入虎穴，焉得虎子"就是这个意思，不真正深入到群众中去，空谈群众观念是抽象的，同时也就写不出为群众喜欢的作品。知识分子要为群众服务，也也是具体内容之一。

另外，从你的信中看，在那样的环境中，很有可能助长你的自满情绪，不管你现在有不有自满情绪，我在这里要严格的指出来，任何正在进步的青年，他一有了自满情绪，就完了！更具体一点说，你绝不能满足你的转变，绝不能满足你业务和政治修养的增加，绝不能满足你一九四八年这一年的生活有内容，也绝不能满足别人对你的好评！在革命队伍里，进步是没有底的，曾经革命几十年的同志，还要虚心的学习，不断地进步，你，参加革命又有多少时候？懂得的有多少？学到了多少呢？一个人应该看到自己的进步，应该为自己的进步而愉快，这决不是自满；同时，看到自己的进步，更应该看到自己的缺点和进步不够的地方。在日记中，要以自省作为重要的经常的内容之一。只有这样，才会不断的进步。希望你三覆思之！

今天，我虽然工作了一天，很累，也压不住写信给你的情绪。虽然还有许多话想说，不能不顾及明天还有许多工作要做，以后有空再谈吧！望你来信。祝你

跟着时代的车轮旋转！

你久别的妈妈　三月五日夜
〖1949年〗

来信寄河南开封六大队转
中原妇联筹委会交我即是

第二封（1949年8月18日）

亭儿：

为了满足你要看一看在北平的妈妈，早几天去照了个相，很不好；后来在颐和园又照了个，那更糟，只见黑漆一团，现在只好把那很不好的寄你，不管怎样，总是你妈的近影呵！

全国工会会议开了一个月，真把我们忙煞了，除参加会议与听报告之外，还要收集意见，整理材料，写东西，有时候晚上忙到十一二点，白天还不能睡午觉。但大家都很高兴，因为在这样一个会议中学到了许多东西。

毛主席、朱总司令、周副主席还有许多中央委员，都给我们讲了话，做了报告。毛主席告诉我们三件事情：第一是全力组织工人来建设新中国，第二件是要依靠工人，相信工人来组织工人，第三

件是主动的工作，主动地定计划做决定去进行各种工作，不要依靠和等待。这三条，不仅工会工作的同志应该这样，任何工作都得抓住这个方向。

待会议完全结束后，我们研究室可能组织几个小组到上海、东北、华中去研究工运工作，现在还没有最后确定。

长沙、益阳都解放了，这是一件多么令人愉快的事！我因为忙，还没有写信去，大概这两天要写了。你写了信回去吗？我还希望你写信到益阳去，告诉你父亲我党对工商业的政策，使他安心做生意，不要害怕"共产"而生产不积极。他虽然是一个落后分子，但政治上并不反动，还是我们争取的对象。对于绍杭那就完全不同，他如果真的反动到底，将来要做战犯办，我们要把它当作敌人看待，不能再和他讲什么亲戚关系了。这就是一个立场问题。他如果能够到人民这方面来，那我们还是可以和他维持感情。现在不知道他到底怎样，因此，在各方面都应该作些考虑。

在北平，碰到许多在长沙、在谷宜塘、在桂林工作的老熟人，戴眼镜姓曹的，矮小个子姓李的，开明日报姓黎的，都是你认识的，还记得他们吧！他们都看到你咧！王亚平也在这里，他来看了我，我也去看了他。还有许多你不认识的。这一批人，向着一个目标，分途努力和斗争十余年，现在又汇集成了新中国的巨流，多么令人快慰呵！

望你常来信！祝你
愉快的工作！

你的妈　八月十八日
〖1949年〗

第三封（1955年5月18日）

亭儿：

我告诉你一件重要的事情，不得不牺牲我一早上的学习时间来写信。那是一件什么事情呢？你先猜猜看，不要往下读。那就是周总理到我们厂来检查了工作。他批评了我们的浪费部分，也赞扬了我们的节约部分。他惋惜还没有工人出身的干部来担任企业的领导工作，同时又表示对抗战初期出来的干部多面露出愉快的神情（因为我们这里党政、团五个出去招待他的干部，四个是抗战初期的）。他还告诉我们如何监督行政违反国家政策的行为，如何代表工人群众的利益来考虑问题和处理问题。他和每一个人谈话，是那样目不转睛地注视着你的表情和姿态；在回答他的问题的时候，若不是虚心的态度，他就批评：不要都推出去！你是老老实实回答，不懂就是不懂，他就称赞你这是说的老实话。和他接近，一点也不觉得紧张拘束，而是有一种那样的感情：想把一切重要的真情告诉他，让他给我们提出意见。我真不知道如何把这一件生活历史中不能漠〔磨〕灭的事情，留下真实的印象！

※　　　※　　　※

现在谈别的事情：早几天买到一些核桃仁（本来买二斤，小商贩投机取巧，只给了一斤四两）给寿勇，已由邮寄出。

在这以后的第二天，接到你的信，我觉得你这次对自己的全面检查，对自己有了初步的正确认识，这将有助于你克服自满情绪，为党更好地工作。

对于你父亲生活方面的困难，在他没有提出来以前，同意你不予接济的意见，但我建议你每月为他储蓄定量的养老金，免得临时增加困难。不管怎么样，只要他能够接受政府的政策，还是应当给他必要的支援的。

至于其他那些莫名其妙的关系，我觉得是愈少愈好；我们的政府对每个人都是关怀的，靠私人关系解决的问题并不大，在某些时候还会产生反结果。

祝
你们好！

妈妈　五月十八日
〖1955 年〗

第四封（1958 年 5 月 3 日）

亭儿：

的确！这一年来的思想生活真是丰富极了，任何人都不能无动于衷！可是，要把它表达出来，或是让它用有形的文字留存下来，又不那么容易，不仅是时间的问题，还有技术方面的问题。

自你来京回去后，好像没有和你写过信，但是，写信的腹稿，我可曾起草过好多次，往往因为想比较深一点的、长一点的信，结果，连公式化的短信也没有了。另外也觉得没有写成，不会给你什么损失。因为我知道你在大家庭的烘炉里，受着锻炼，你会掌握着自己随时代的车轮前进。

对你舅舅，我也是这种想法。

对你惠姨我就不是这种看法，我觉得她还是没有跳出小家庭，投到大家庭里面来。我虽然每月都和她写一次信，这方面的作用也起得不大。你和她接触的方面会较多，不知是否有意识的这样作过？

今天，我是准备把要说的话，都向你说出来，是否能够做得到，只好"走着瞧"！写到那［哪］里就那［哪］里，未完时就以后待续。

第一个问题。我回忆到许多过去的事情，其中也想到过作为革命同志妈妈的我，曾经在你思想深处种过一些什么种子。我常常向你提过的，你不善于为别人打算，不善于关心人，因而造成脱离群众。使你这个缺点根深蒂固不易克服的根子，我有责任。因为在你小的时候，就在你心灵深处播下了种子。有一件事情，常常刺痛着我，使我内惭：你记得吧，在育英工作团的时候，有一天晚上的饭不熟，我怕你饿着，偷偷地带你到馆子里吃了东西。吃了回来以后，许多同志用不平常的眼光看着我，和你同年岁的李炎坤饿着抱肚子。当时我虽然很难过，痛恨自己的这种自私自利、不关心人的行动，因为顾面子，也没有表示态度。但是，这件事情和某些其他不利于党的行动一样，经常刺痛着我的心灵。

最近看了一本《林海雪原》，不知你看了没有？书中主人翁少剑波，年轻的团参谋长，他那种处处为别人着想，体贴人、关心人的形象，使我深受感动。我觉得这是变小我为大我树立无产阶级思想的第一关。从现象上来说，这是生活小事，但这是最实际的问题，这种东西让它反复表现，它就将腐蚀你的革命意志，成为自私自利的脱离群众的人。对于你，我感到这是你进步途中的绊脚石，目前阻碍作用还不显著，到了某种适合它成长的气候，就将迅速壮大起来，拦住你前进的去路。

我也想到：许多咬着牙关过去的事情，有一种侥幸，一种愉快，因为没有把我思想中的落后种子，散布给你。比如你刚来解放区的时候，我多么希望你留在我的机关，一面工作，一面学习，和组织商量以后，认为对你没有好处，我也是吞着眼泪让你离开的；由华中大学到山东，也是含着热泪送别你。我自己虽存在许多个人打算的思想，但我自知那些东西很秽，一直教导你相信党、相信组织，这一点，我觉得对你的思想成长还是有所裨益的。后来当我知道，你去做现在这样的工作时，很不适合我的愿望，因为我希望你搞文学，曾经写过一信给你的领导同志，要求他们考虑给你调动工作，这封信写好以后，保存了二年多，反复看过多少遍，最后还是毁掉了。当我想到要是把信发出后造成的不良影响和给你造成不安心工作的损失时，我又感到侥幸和自慰了。……许多这类思想深处，别人不知道的，甚至一闪即过的印象，一件件来回忆的时候，好坏是很鲜明的。有时愉快，有时难过，有时痛恨自己。从这里深深体会到一句俗语的意义：不怕前怪，只怕后悔。我想一个人要是当他想忏悔而没有机会的时候，将多么痛苦呵！同时，我也觉得事前慎重，少留后悔的机会是很重要的。

第二个问题。现在的环境，从各方面允许我们爱着自己的孩子，这是天职，也是人生乐趣。但是，很容易从自己的愿望出发，而不考虑对孩子前途的影响。你让我给小元元买什么绒衣，曾经引起我思想的矛盾。从你的写信、谈话和56年来北京的情况，我们感到你对孩子的爱护有些过分。特别是物质上的关怀太突出。"玩物丧志"对孩子花的精力太多，对思想政治方面会产生影响的，我这是从对小六文体现出来的。

当时，我想买了绒衣给小元元，再给你谈我的看法，走到百货公司看了一下，还是觉得不应买。由于机关整风和工作，白天、晚上和星期天都抽不出写信的时间，因而也放过去了。现在想谈谈。对孩子，我觉得首先是让他不饿、不冷，生活方面不要使他（或她）突出于一般孩子的水平。物质条件，会使孩子自然地产生特殊感和不平等思想，这对孩子的发展前途，将是致命的阻碍。以实际行动教育孩子的作用，比什么力量都大。大人从来不对小孩说谎，小孩就不知道说谎；大人不威胁小孩，小孩就不会对别人逞凶；大人不向小孩讲条件，小孩就不知道讲条件的意义（举一个例子：小六文有时要吃饼干，我就随便说一句，你把××做好，就拿饼干给你吃。第二天，我说：小六子你叫姐姐来吃饭。他就说：你明天给我买香蕉，我就去叫姐姐吃饭……）对小孩子注意行动教育，习惯教育，我觉得非常重要。

还有些话想讲，现在没有时间了，因为要下厂去。

我在 28 日离北京，在济南呆了两天，"五一"节在火车上过的，当天下午到青岛，在青岛工作半个来月，二十日以前到上海。如果我们的工作结束得早，从青岛到上海还有时间的话，就打算到南京看一看外婆和元元（因为小群已经见过了）。如果这趟没时间，在上海工作结束，回北京时再去看看你们。但是，希望先不要告诉外婆，免她老人家想念。大约再过一个星期，我将向外婆写信。

下了厂，有时间写信时，再继续谈，没时间就面谈吧！

祝

好！

妈妈　五月三日晨
〖1958 年〗

因为时间关系，信写得很乱，能不能反映出我的思想，我想你可以猜得出来的。

来信的话，可由青岛国棉五厂工会转即可。

又及

第五封（1966 年 6 月 9 日）

亭儿：

文化大革命开展以来，廿多天贴出二、三百张大字报，揭发了大量的问题（主要是 63 年以前的），和全国一样，使人触目惊心！

徐步同志（原南京市的副市长）是市委派到报社的工作队长，

（他是西安市长）他亲自编报。对报社的情况，他感到很惊讶，比如编辑记者质量低，问题多（编报室五个同志只有一个党员）、人员少（是全国市级以上报纸最少的），没有资料室等等。这些问题，据报社老同志说，是提了十多年没有解的老大难问题。这次他们发现问题了，能不能解决，还难肯定；因为在社教中，这些问题不是没有人提出。

我因为政治敏感性较差，对许多问题一下子转不过弯来，没有跟上形势，同志们给我贴了十多张大字报，在这种情况下，逼得我日以继夜地查笔记，想问题，连续贴出了几张揭发的大字报，在追黑店后台老板方面还起了一个带头作用。由于自己亲身体会到大字报的压力，也就更加觉得这个武器的威力；大字报真是一种群众革命的好武器！

我们都是剥削阶级家庭出生的，旧思想、旧习惯在某些方面还根深蒂固；这次文化大革命，是触及每个人灵魂的大革命，因此，我们要在这次革命中来认真地清算自己。不和那些旧思想、旧习惯决裂，就不可能真正建立起无产阶级世界观。在破旧思想中，固然同时就立了新思想，但如果没有马列主义、毛泽东思想把头脑武装起来，所立的新思想还是不巩固的，时过境迁，旧的东西又会乘隙而入。我感到在这大革命的洪流中，如何抓紧学习毛著，有着根本性的重要意义。这不是停留在口头上就够了的，而是要认真的抓，切实安排，使其落实。在这样的时候，边学边用，效果特别显著，体会也特别深。不知你在这方有什么体会？

你舅舅的情况我不大了解，从短暂接触的表面看，他还有一股子干劲，身体有病，也坚持工作，不像有些人那样无病小养，小病大养。在文艺思想方面，他是否有三十年代的东西，却不得而知。我倒是想到李仲融可能是个典型，不过，他长期不工作，恐怕不会搞到他头上。杨荣国的三十年代思想可能不少，但还要看他近年来改造的怎么样而定。在我们这一辈子，是如何保持晚节的问题，而在你们却是后半辈子如何革命的问题。在这大革命洪流中，都是值得严肃对待的问题。

已到十一点多钟了，下次再谈，祝
好！

妈妈　6.9.晚
〖1966年〗

去信寿勇，告诉她，近来还没有时间给她回信。

第六封（1967年5月28日）

寿勇：

两次来信，先后收到。因为这一时期比较忙（主要是参加批判斗争会和写揭发批判材料），以致推迟了给你的回信。这一时期和邓亭写信也较少。目前还要写个揭发控诉材料和准备一个自己的检查，因而还不能多和你们写信。但是，我每个星期总希望接到你们的信。能满我的愿望吗？

最近"红旗"杂志和"人民日报"发表了好多重要文章，结合这些文章的学习检查自己思想，深深感到自己受资产阶级反动路线和黑《修养》的影响是很深的。现在摆着的问题是，如不能把这些资产阶级、修正主义的坏东西破掉，无产阶级的东西，即毛泽东思想就立不起来。在我的头脑中，许多东西是"合二而一"的，如"委曲求全""经得起误会"等修养的毒害，而自己往往又来个"把坏事变成好事"……。以致对一些错误的东西不去斗争，反而很愉快地去接受"考验"。把脑子搞得稀里糊涂，鱼目珍珠混淆不清，今天要来清算，的确还很不容易。

现在初步找到了两条线：一条是忘记了阶级、阶级斗争和无产阶级专政，在对待两条道路和两条路线斗争中，有右倾思想，以至有时敌我不分。另一条是黑《修养》中的"宽厚""忠恕""容忍""不伤人""对上级绝对服从"……等等，使自己成为政治庸人，好好先生，没有"角"的人。这两条线在头脑占了上风的时候，对坏人坏事就斗争不力，抵制不坚决，犯的错误就多一些；当毛泽东思想占上风的时候，就能够坚持正确的东西。就因为这两方面的思想经常斗争，才没有完全陷入资产阶级反动路线的泥坑里去。回忆起来是教训多而经验少，心情的确有些沉重！

对待群众的问题，是资产阶级反动路线和毛主席革命路线的分界线，我在这方面是有许多错误看法的，在这次的大革命中，群众给了我很大教育。在口头上，我是相信群众，依靠群众的；但在实际行动上，往往容易滑到把自己当"诸葛亮"而看群众是"阿斗"的方面去。有次一个工人和我谈到工人参加开会和革命活动的问题，我认为要有个条件，即不影响生产的规定，他说，"你这就是不相信群众，报社并没有这个规定，什么时候影响过生产，什么时候耽误过出报？"当然，有些受坏人操纵或蒙蔽，或者自己别有用心那就是另外一回事了。由于反动路线的习惯影响，对群众的许多行动，总容易抓住个别现象，忽视主流。我现在考虑，这不仅是思想方法问题，而且是个世界观的问题。我之所以在这方面啰哩啰嗦谈了这末一些，是想抛砖引玉，希望你们也能给我提点意见，帮助我过好这一关，以保持革命的晚节。

我现在身体很好，精神也不差。主要坚持了"保健按摩"，现在我已熟练。特将此小册子寄给你，如能坚持一年，就能看出效果。多做点工作而保护身体健康是必要的；为把工作做得好一些，很[狠]触自己的思想灵魂，更是不可示弱的。二者必须兼备，切不可以舍此而求彼。

不多谈了，祝

全家好！

妈妈　5.28.晚十一时。
〖1967 年〗

第七封（1967 年 10 月 8 日）

江汉、建荣：

好久没有接到你们的信了，甚为记念！但是，你们八月下旬寄来的批陈小报及九月下旬寄来的几张小报，国庆以后都先后收到。这些东西来得慢的原因，可能是因为走货运车。因此，建议你们以后寄东西，还是用信封，不要节省那点邮票，就可以看到北京较新的材料，以了解全国的形势。

报社大联合问题，国庆以后没大进展，三个组织还停留在谈判桌上，大批判和本单位斗批改都没有进行。许多革命群众都贴出大字报，反对在谈判桌上争名额的小团体主义。看下周的进展情况怎么样？

由于我过去没有主动把历史情况向革命同志交代清楚，引起了一些麻烦（但我自己明白，我没有参加过任何反动党派，也没有被捕过），他们又在进行调查。同时，我自己在国庆节以后，就写详细的历史交代材料。临委会的同志说，他们一定要弄清楚我是那个司令部的人。我自己也愿意帮助他们弄清楚我的问题，除写历史材料检查材料和提供线索以外，你们说，我还应该做些什么？

国庆日给了你们一信，收到否？

润姑　10.8.1967

第八封（1967年12月4日）

亭和勇：

我已在二日上午8:47.顺利抵达北京站：汽车在当日下午一时到合肥，赶上了2:07.由合肥到蚌埠的车，5:10.到达蚌埠市，又紧赶上6:07.到北京的特快车。从你们驻地开车算起，正好24小时到北京，这恐怕是最快速度了。只是一天没喝水，没吃饭吧了！

上午十点到延年胡同，正在英采同志家吃午饭，江汉回来了。十二点多，健荣因到局开会，也回来了。这天下午和晚上，还碰到了多年不见的老同志，真是幸运得很，和他们交换了一年多来文化大革命的情况和自己的亲身体会！

直到昨天下午，才抽出时间和江、健交谈向中央文革反映情况的问题。他们的意见和你们的意见差不多，不同意我写那样的反映材料，但是，其他情况又了解得不具体，考虑到写去也没多大作用，因此决定不写了。

文喜的粮票，廿斤全由江汉送给他了，因为江汉他们不缺粮票。黎黎昨天上午接回来，虽然没见过我，见了就很亲姥姥，我上厕所他也跑来叫门。身体很好，就是皮[脾]气有点硬。

江汉、健荣都很忙，江忙毕业分配，健忙大联合、三结合等。北京整个形势大好，武斗基本停止，区的革命委员会或革命小组相继，庆祝的大标语，我就到二、三条。北京市革委会集中批判彭真，整个旧市委都烂掉了，原想找出一、二人，一个也找不出。

今天上午到王府井（人民路）看了一下，各类物资丰富极了！街上的大标语和批判专栏都不很多，交通正常。只有车站那段电汽车不通，因为在修地下铁道。

我拟在这里看几天文件，不久就回西安去。北京早晚还有暖气，一点不冷。余后谈，祝

全家好！

妈妈　12.4.下午。

〖1967 年〗

（邓亭存注：最后一封信）

祭邓评文

邓 亭

2009年12月，值邓评百岁，乃于上海清竹园邓评及其子、媳三穴墓地，安葬邓评骨灰空盒。其子泣诵祭文如下：

己丑暮冬　祭告英灵　邓评妈妈　敬请聆听
伟哉邓评　奋斗一生　献身革命　火热冰清
追求进步　惟党是从　命途多舛　益显忠贞
难逃浩劫　命丧西京　纪纲废弛　遗骸无存
孤魂何寄　飘零至今　否极泰来　国运中兴
值兹百岁　入土安宁　东方大邑　有汝佳城
发轫之地　可觅萍踪　故土重归　焕然一新
子媳随侍　抚慰晨昏　当年理想　逐渐成真
物阜民康　欣欣向荣　国力鼎盛　举世崇钦
儿孙有为　各尽所能　家风永续　遗志可承
终得善报　冤目可瞑　伏惟尚飨　谨奉哀忱

【附】

沁园春·合冢墓表

清竹幽园,翠圃含珠,江右佳城。
叹生前母子,分多聚少,而今有幸,合冢三亲。
明月青松,太虚仙境,远避奸邪得永宁。
尘缘毕,咱千秋相伴,补享天伦。

慈颜仪范如生,喜家教薪传有后昆。
盖人生接力,各行一段,各臻其角,无愧于心。
大道之行,经天日月,正义终将主世风。
馀虽隐,佑炎黄后裔,民主和衷,

己丑暮冬　邓亭属书

钻石恒久远

——写在《风雨彩虹钻石情》观后

邓效群[1]

我们刚才看到的片子题目是：风雨彩虹钻石情。这是我们的爸妈携手六十周年进入美好钻石婚的真实写照。

六十年前，1955年的1月1日，邓亭和寿勇有缘牵手喜结良缘，从此就有了我们姐弟三人，再以后又有了第三代和第四代。

在这六十年当中，前三十年他们经历了风雨坎坷，受到了很多不公正的待遇，到干校、到兵团，为了我们的家，为了我们子女操碎了心；后三十年可以说是雨过天晴，爸爸妈妈晚年过上了安定、幸福的生活。今天我们看到他们身体健康，开心快乐，虽然曾经经历了很多磨难，但他们都坚强的走过来了，现在是儿孙满堂，享受着天伦之乐。

爸爸妈妈不仅是我们的长辈和亲人，更是我们的良师益友，是我们的楷模和榜样，你们不仅给了我们生命，更是用自己的言行教会我们怎样做好人，怎样走正路，在祝贺感恩的时候我们更要向爸爸妈妈学习，学习你们的善良正直、永远都是和蔼可亲，是非分明；学习你们的坚强乐观，不论是顺境逆境，都能够坦然面对；学习你们知书达理、开明豁达；学习你们充满爱心、相亲相爱相濡以沫，

---

[1] 邓效群，邓亭的长女。

对我们每一个孩子都给予了最大的关爱；学习你们积极进取、好学钻研的精神，始终保持着一颗年轻的心，电脑、微信从不落后于年轻人。

爸爸妈妈的这些优良的品质，将成为我们老邓家人的家风。它就像钻石一般熠熠生辉，坚实不摧，恒久永远。不管我们身在何处，都要把它传承下去，发扬光大。

今天，我要告诉爸爸妈妈，没有你们，就没有今天的我们。有这样的父母，是我们作儿女的和骄傲；同样，我们晚辈也没有让你们失望，我们每一个人包括第三代、第四代，都有自己的精彩，都无愧为老邓家的后代。

今天，我们最大的心愿就是祝爸爸妈妈永远健健康康，开开心心，永保青春相亲相爱，我们老邓家人也永远相亲相爱，我们约定十年后再一起为你们庆祝白金婚！

最后的陪伴

邓效群

爸爸邓亭于2016年4月下旬几次在家中摔倒，送医后发现三系指标（白细胞、血红细胞、血小板）超低，随即入住解放军第八五医院治疗，此次住院至9月底出院，是他有生以来住院时间最长的一次。11月18日爸爸又一次住进医院，这一次，再没等到出院的那一天……爸爸两次住院，我一直陪伴着他度过了最后的日子。

爸爸于1946年17岁时从湖南辗转到了苏北革命根据地，在他母亲邓评的引领下参加了革命队伍，一直从事隐蔽战线机要工作直至离休。由于工作性质的原因，他对部队工作的情况从不提及，而我们子女也因长期离家在外或因工作繁忙在一起交谈的机会少之又少。而这次爸爸住院期间的陪伴，可以说是我与爸爸最近距离的相处和最直接的交流，目睹和重温了爸爸许许多多的点点滴滴。

爸爸住院期间，时常回忆过去的事情，这段时间他的话比往常多，向我们姐弟讲了许多他过去的故事，不少都是第一次听说。他准备将几十年写作的文稿、诗作整理成册，出一本回忆录，并已完成了正篇全部内容的写作和打印；尚缺序和结语部分，已在构思中；一首视作自己人生总结的诗词，已在酝酿中。他曾认真地对我谈起一生中虽经风雨坎坷，但晚年结局是美满幸福的。

爸爸说过，他一生最值得欣慰的是我们有个好的家风，这是家庭的非物质文化遗产。这个家风就是：善良、诚实、好学、自强。

此家风要追溯到爸爸的外婆那一辈。

爸爸的外婆即我的太婆家，本是湖南长沙的一家纸商，靠的是诚实守信，经商有道，曾致家境殷实。我的太婆虽然识字不多，但有着旧式妇女少有的开明大度。她老人家不仅养育儿女走上为社会大众服务的道路，更是时时处处给了他们所从事的救国拯民事业以无私支持，不惜倾尽财力物力。对身边有难之人，甚至素不相识的孤儿弱小，太婆都能给予极大的同情，或钱财支助或收留赡养。她的善良、包容和深明大义，深深影响着后辈们。爸爸也正是同样践行的。对英年早逝战友的孩子，爸爸关爱有加，任他们在自己膝头爬上爬下，经常带着他们出去打牙祭，不免让我有些小嫉妒。

爸爸常说，知书才能达礼，应该把好学提升为一种人生观和价值观。他曾手书"远离铜臭 近沐书香"一联，挂于家中书房，希望我们家的孩子爱读书重知识。每到过年，别人家长辈都给孩子压岁钱，我们家从来都是送书。爸爸的言传身教，使我们养成了勤奋好学的好习惯，读书成绩从来都是名列前茅。确实，我们家的孩子第二代、第三代甚至第四代都没有让他失望，正如他在《今生盘点》中所说："我们这个大家庭，在家族史上堪称健康幸福的一支，没有废品、次品，个个是正品、合格品、守法公民；个个是智商不俗的可造之材，个个是有为之辈，个个都是好样的。"在与老战友的多封通信中可以看到，只要说到孩子们的成长进步，他总是不吝笔墨，高兴之情溢于言表。教育子孙这事，相信应是爸爸一生中最得意的作品吧。

爸爸说起此生，令他感到痛心和遗憾的事有两件，一是他的母亲我奶奶邓评在文革中死于非命。除了对爸爸的养育之恩外，奶奶更是爸爸走上革命道路的引路人。母子间亦师亦友感情非同一般，二人间多年往来的书信，竟然装满了一个小皮箱。1967年初冬，为了避开文革疯狂的打砸抢，奶奶（时任西安晚报社党总支书记、总编）来到大别山新华村，想与亲人度过一段平静的日子。记得大约过了一周，奶奶就无奈离去了。不几天便传来奶奶"非正常死亡"的噩耗，不想"大别山"谶语成真，竟成了母子的诀别之地！

奶奶为革命的事业奋斗了一生，身后竟连骨灰都没有留下。每每提及此事，爸爸都难以释怀，为失去最亲的人痛心，为没能把她留下或转移到安全的地方，没有保护好自己的母亲而自责，这成了他心中永远的痛。多年后，爸爸所作长长的《悼母词》中，他这样写道：

> 满腔义愤无门诉，五尺伤躯没地容。
> 皖西一面成永诀，血肉摧残惨非人。
> 朔风萧瑟人噙泪，日月同悲悼邓评。

在奶奶诞辰100周年、遇难42周年之际，爸爸在上海嘉定清竹园墓园重新为母亲举行了安葬仪式，并将自己未来的墓穴紧挨其侧——在清风翠竹中，陪伴自己亲爱的妈妈一起长眠——这应是爸爸聊以慰藉不安之心的最好安排吧。

另一件憾事，缘于他对三部技侦事业的热爱，竟遭中断，遭离。爸爸说过，他就是为三部事业而生的，投身于三部事业是他人生最正确的选择。为此，他付出了全部青春年华和聪明才智，屡立军功，成为同行中的佼佼者。然而就在事业最辉煌的时候，爸爸却受到了不公正待遇，被人为地剥夺了工作的权利，被迫离开了他所酷爱的事业。虽然十年后又重返三部，但失去了人生中最好的年华、最宝贵的时间，事业被中断，成了他终生的遗憾。离休以后，已是"局外人"的他，听说原工作的处室在老传统与新技术的结合上屡有新获，"作为接力跑前棒者之一，殊堪告慰也！何必再为已融入沧桑的往事烦心呢"。从他自撰挽联的上联"三部战士 践行术有专攻 探赜索隐天书得识"句中，可见他对三部事业引以为荣的自豪，和无以伦比地眷恋。爸爸曾构想，将一生积累的新时期技侦工作经验整理保留，以作传承，但后因种种原因，未能如愿……

　　爸爸最看重的还是亲情，处处时时、点点滴滴、一举一动都能体现出他对子女、对家人的爱，而这种爱是长辈、师长、朋友的爱，没有说教，没有溺爱，充满着睿智。爸爸对爱有着自己的诠释，他曾说过，让孩子自己决定自己的事，是对孩子最好的爱。我们家第三代中的四个女孩欣蓓、童童、欣然、宝宝，被他称为大珠、小珠、幼珠和宝珠，在他所作的诗文中有多首提到她们，为她们取得的每一点成绩而骄傲。2016年12月，幼珠（小芒的女儿欣然）正逢报考大学，对未来学校和专业的选择举棋不定，利用从新加坡回来探亲之际，爸爸专门约她到医院长谈，了解询问，建议她发挥能言善辩的特长，报考与新闻有关的专业，这既适合欣然未来的发展，又圆了他自己当年文学青年的梦。

　　家中第四代我的外孙小琢磨，更成了爸爸晚年的精神寄托。琢磨出生那天，身为太公的他亲手打印了祝福卡片，上书："开放的上海欢迎琢磨君的来临！"对新生一代寄予厚望。为了听琢磨笑声，他竟在婴儿椅边一坐就是几个小时，自己的笑声比琢磨还响。每次琢磨来到家里，是太公最开心的时刻。一老一小一起游戏，80多岁的老人竟俯首帖耳配合着被打针、被牙疼、被开刀，完全忘记了自己的年龄。最后的时间里，琢磨来医院看望，神智不清的他就会眼睛发光发亮，满脸笑容地拉着琢磨的小手不放，看得出那份深深的不舍。

　　我的表弟寿兵，从小在我们家长大，耳濡目染深受爸爸的影响。他品学兼优，被保送进上海交通大学，毕业后靠自己的努力成为一名优秀的企业管理干部，属同龄人中的佼佼者。他曾参加了多家大型电厂的建设，在抗洪救灾中表现出色，爸爸同样为他自豪和高兴。2016年8月5日适逢寿兵生日，住在八五医院的爸爸欣然提笔作诗一首：

八五逢八五，愿为寿兵鼓。
抗洪立新功，电厂迎风舞。
五十入佳境，前程大可许。

爸爸热爱生活，是个性情中人。他兴趣高雅爱好广泛，50年代初时奶奶送他一架德国相机，当时是部队大院里独一无二的，拍照、冲印、美工制作都是自己来。"邓亭叔叔"几乎为高楼门大院每一个孩子都留下了童年的影像，家中的影集有厚厚的几大本，每一张照片都是珍品。

爸爸对篆刻颇有兴趣，最喜欢篆体，收集了不少印章，家里还留了几块鸡血石，准备自己操刀小试。爸爸离休后曾在上海市社会主义学院和对台办公室工作过一段时间，负责一本宣传杂志的编印，因人手和财力有限，整本杂志从组稿、撰文、编辑、排印到发行，有时竟只有他一人在唱独角戏，一期杂志中有多篇文章出于他一人之手，"勇夫""劳登""祝合"等笔名都不够用，每次拿回新一期杂志，我们最关心的是这次又想出了什么新的笔名。虽然每月的报酬仅有100元钱，但爸爸始终乐在其中，也算过足了当把文字编辑的瘾。

爸爸爱看书，家中的藏书有上千本，装满几个书橱，虽多次搬家，但那些书始终不离不弃；书中有着爸爸一生的精神寄托，有着我们家每个孩子的美好记忆。诗词是爸爸一生的最爱，他生前留下了200多首诗作，汇集成"井蛙集""唱晚集""乐见三珠耀"等篇章。90 年代末，爸爸自己打字、排版制作了"敝帚诗篓"。他常与诗友切磋推敲，与梁德祈伯伯、时冲伯伯、邢会洪叔叔，留下了多封互相切磋诗句的手稿。真可谓是"知音战友好聊诗"。

爸爸喜爱书法，刚离休的时候经常舞文弄墨，清一色的微草行书，刚劲有力而不失俊秀。家中每有大事喜事，他总会作诗挥毫抒怀，家中保存了他的多幅"墨宝"。爸爸去世后，他生前的老领导看了他的诗作手书集后，感叹唏嘘，文如其人，字如其人，见字如见人！

爸爸在病床上听说我参加了老年大学古代诗文课的学习，连声说好！一次向他请教"醉里吴音相媚好，白发谁家翁媪"的"媪"字怎样读，那时他已发音困难，但做出的口型告诉我是读"ao"。不禁想起我五六岁时，爸爸教我诵读"春来江水绿如蓝""东临碣石有遗篇"，给我讲"僧敲月下门"典故的情景。

爸爸病重期间，正遇"中国诗词大会·第二季"热播，每天他都准时调整好姿势坐在病床上，跟着电视里大会的节奏，时而锁眉思索，时而点头称赞，入戏时还会轻声吟诵，硬是从头到尾一场不拉地看完。当爸爸从电视里知道 112 岁的汉语言学家周有光逝世的消息，深深叹息，久思无语。爸爸自幼喜欢京剧，是个十足的戏迷。记得 2015 年 10 月恰逢爸爸 86 周岁生日，我与湖南来的姑姑一起专门陪他观看了国家京剧院在上海的专场演出，一众京剧名角大咖的精彩表演使爸爸兴奋异常，事后他告诉我，这是他有生以来看过的最正宗最高水平的演出，那一声"叫小番"真让人酣畅淋漓啊。爸爸还喜欢看球赛，特别是排球、乒乓球，住院期间只要有电视转播，他每场必看。一次还因为看球时没坐稳摔了一跤，可把我们吓坏了，急忙作了核磁共振等检查，确认无恙后才放下心来。

爸爸对新事物的热忱丝毫不减当年。他接触电脑时已 73 岁，为了练习拼音打字，克服长沙口音发音不标准的困难，他自己整理编制了一张声韵表，打字时对照着边念边查，很快就成了熟练工，真正做到了生命不息，学习不止。微信出现不久我们就为他配置了ipad，爸爸每天的微信浏览量不亚于年青人，关注、转发、点赞、聊天，信手拈来，操作自如。一有新的照片和消息，他总是第一时间浏览。直到去世前几天，他还与友人在微信上互发信息。

爸爸爱吃重口味的糟猪脚，爱用郫县辣酱炒回锅肉，我经常在家烧好带到医院，他总是边吃边点评，火候、刀工、配料、时间一一提到，一点不到位都逃不过他的舌尖，一如他以往严格的工作态度。直到有一天他对我说，这次回锅肉总算是合格了。

爸爸住院期间得到了干休所、老战友和亲朋好友的多方关心。干休所领导每周两次来医院探望，从未间断。每次去外院检查时，干休所的陆军医都跟车陪同左右，帮着挂号、联系医生，跑前跑后忙个不停。2017年春节后的一天上午，干休所3号楼的沈叔叔（临时楼长）金叔叔（支部委员）在医院会议室表情凝重地找到我，亮明"身份"便说："我们现在是代表组织与你谈话，你爸爸现在情况不好，为什么家里只有你一人在，其他人都干什么去了；除了配合医院治疗你们还想过其他什么办法吗？……"我当时有些紧张，首先代表老爸和家人表示了感谢，向他们解释了在国外生活的弟妹已回国探望多次，近日即将赶到。并一一告诉二位，我们已做的各项努力，他们这才放下心来，接着向我推荐了中西医结合的治疗方法。他们的关怀，使我感到非常温暖，我从心底感谢他们。

不少亲朋好友要来医院看望，爸爸总是怕麻烦别人而婉言谢绝。2016年7月的一天，我接到李晓光叔叔女儿的电话，李叔叔正在上海，准备来医院看望爸爸，我把消息告诉爸爸时他非常高兴。在医院，两位几十年的老战友紧紧握手，留下了最后珍贵的合影。这一别竟是永别。时隔四个月，李叔叔就离世了，爸爸听到消息，手抚李叔叔不久前赠予的诗画集，吃力地感叹，万千话语到了嘴边，又回到肚里。

2017年春节临近，当得知爸爸不得不在医院过年时，自然会悟得，爸爸与我们在一起的时间不多了。我与弟妹们商量，一定要让他感受到与在家一样的温暖、一样的热闹。为保证他有充沛的体力和良好的精神状态，我们特地请医生提前三天为他输了血。大年三十中午，我们准备了丰盛的八菜一汤，都是爸爸平时爱吃的菜肴，正赶上部队战友来医院探望，一起热热闹闹吃了年午饭。爸爸是春晚的忠粉，这天也像往年一样，坚持看到了九点多，给出的评价是热闹有余，水准不够。

大年初一上午十点，病房里阳光明媚，邓家儿孙如约从三国四方（加拿大、新加坡、三亚、上海）同时打开手机视频聊天，大家向爸爸妈妈拜年，每个人都说了祝福的话，四室同框，场面温馨感人，爸爸不由潸然泪下。其他病友、护工都围拢过来，羡慕不已。那天爸爸系了条大红围巾，在鲜花的衬托下显得格外精神，另有笑容灿烂的老妈相伴。我赶紧拿起手机，拍下了他们在病房中的合影。这也是二老最后一张在一起的照片。

爸爸与妈妈60年风雨相伴，感情笃厚。住院期间，妈妈隔两天来医院探望一次，有时并不说话，只是默默地陪伴在床边。一天下午，爸爸似乎预感到了什么，他和妈妈四目相对久久凝望，相拥痛哭，牵挂，不舍，怀念……一切尽在不言中！他最不放心的还是妈妈，担心妈妈一人在家寂寞孤独，无法照顾自己的生活。在病情稍稍稳定时，他就要求出院，说现在最需要照顾的不是我，而是你妈妈。每次妈妈身体不适或情绪不稳定，他都牵挂不已。因担心妈妈与家中的保姆相处不融和，一次他似清醒似糊涂，断断续续地对妈妈说，"最近组织上特地安排了一位女同志来医院照顾我，她工作得非常好，我很满意。希望你们能和睦相处，互相体谅。"我在一旁听了心里很难过，一是爸爸的脑子已出现问题，以至神智不清，说出些不靠谱的话；二是在他病重时，念念不忘的仍是对妈妈生活的安排，或许这是他表达内心担忧一种最好的方式。没想到，这居然是爸爸对妈妈留下的最后一通完整意思的口头表述，之后就再也没有了。

一向以来爸爸善解人意，懂得珍惜感恩，他不止一次的提到幼年时期自己的妈妈参加了革命，是外婆和姨妈给了他母爱般的温暖。为表达养育之恩，他常送些钱款给她们的后人。今年春节前，病中的爸爸一直惦记这事，请家人专程去了趟南京，以了却他的心愿。去南京之前，爸爸想写封信带去，几次提笔都颤抖得难以落笔，坐了三个小时都没能写成，最后由我代笔，爸爸跟着涂了几笔，留下了不成型的最后的手书。

爸爸对医院的工作人员都十分尊重、友善，无论是院长、主治医生，还是护士、护工、清洁工师傅，无论为他做了什么，他都会客气地说"谢谢"。就在爸爸住院第一次输血后，便即兴作了一首《谢血》诗，诗中写道"殷红一袋挽残生，以君强健济余贫。先生女士今何在，血浓于水谢无名"，以表达他的感恩之情。遇到新手护士抽血不熟练，连扎几针都不见血，爸爸总是鼓励安慰她们，从不抱怨。对照顾他的保姆、护工，爸爸都像对待家人一样，相处得很开心，过年时还叮嘱别忘了给他们送红包。

我家保姆小英日夜在医院照顾，每晚要起来几次，爸爸总是让她抓紧休息，不要太累了。有时因大小便失控弄脏了床单，爸爸都会表示歉意。一天小英惊喜地发现爸爸昏睡时只要播放手机中的音乐给他听，他就会睁开双眼专注聆听，这也成了爸爸最后的精神享受。一次爸爸躺着看手机时，不当心手机掉在脸上，顿作痛苦状，小英反复为他抚摸直到他露出笑容。那段时间里，小英寸步不离地陪在病床边，爸爸内心充满感激，曾拉着小英的手，用微弱的声音告诉她，谢谢你一直陪着我，你是我的好孩子……

爸爸病重期间，很多战友、亲人，通过电话慰问和前来探望，只要身体允许，他都坚持着坐起身来与大家打招呼，一一叫着各位的名字，面露微笑配合地合影。道别时，爸爸总会作出双手合十的手势，以表达他内心的感激。

病重期间，爸爸脑子清醒时多次示意想交代些什么，看的出他还有未完成的心愿要安排，还有很多不放心的事要托付。但这时他竭力嚅动的双唇已发不出声音，写字板上的字也难以辨识了，我帖着他耳边对他说：别着急，等出院了我们回家慢慢说，爸爸稍有宽慰地点点头，期盼着这一天。

爸爸去世前的一个星期，医院曾为他作了一次全身检查。出乎意料的是，他的内脏器官都是好好的，没有衰竭坏死，走之前没有痛苦、完好无损。爸爸他，干干净净，安然平静，恰似回归到清清白白一介生书生的本真。

爸爸走了，他自撰的挽联——

三部战士 践行术有专攻 探赜索隐 天书得识
一介书生 笃信学无止境 皓首穷经 真理予求

正是他清正骄傲一生的真实写照。他的品格，他的才情，他的人格魅力，是我们晚辈难以企及的。他是我们慈祥的父亲，更是我们敬仰的师长，是我们永远真诚的朋友！他用慈爱哺育了我们，用自身的品格感染了我们，用家国情怀温润了我们，爸爸的爱，将泽福我们及子孙后代，受益无穷。

亲爱的爸爸，您虽然走了，但又无时无刻不在我们身边，喷香的回锅肉、打光磨平的鸡血石、未完待续的文稿、那些没说出来的托付……都在等着您呢。

　　您看似什么都没来得及交代，但您一生说过的，做过的，点点滴滴，不都早已向我们交代了吗："孩子们，我深深地爱着你们，你们的童年趣事、你们成长中的烦恼与长进，构成了我老年忆旧的主要内容，你们的一举一动都与我的心连着。然而天下无不散的宴席，千里送君终有一别。我有幸亲睹了邓家（从邓评起）可爱的第五代，不大可能见到第六代、第七代了，而第六代、第七代……必将生生不息，继续发展。我多么憧憬那时的你们、那时的中国、那时的世界是怎样的场景啊！祝愿你们一代更比一代强。"（摘自《今生盘点》）

　　都说陪伴是最长情的告白，多希望这样的陪伴能够长一点，再长一点；而亲爱的爸爸，又何尝不是永远陪伴在我们的身边呢！您点亮的那盏灯，永远指引着我们前行的路。

2017 年 4 月初稿

2018 年 2 月完稿

2024 年 1 月修改

八团岁月琐记

——追记爸爸人生剧中的一段

邓 元 [1]

1970年的秋天，位于合肥大蜀山脚下的南京军区司政五七干校，迎来了它的第一次结业分配。分配的基本原则，是根据各人的政治问题的结论，结论比较好去向也比较好；结论尚不明确的，则转到军区红旗农场继续劳动。说到务农劳动，自奶奶出事后（1967年底），爸爸先是被送到在石婆店附近的南字408部队农场劳动；然后又在1969年4月底，调到南京军区司政五七干校二队劳动；在干校期间，还被派到安徽肥西县南岗公社支农劳动。所以，他当时对继续劳动并没有太大的心理压力，一切都已经习以为常，听由组织安排便是。

然而在这时，奶奶的第一个正式的"组织结论"出来了："敌我矛盾，按人民内部矛盾处理"。这个结论在当时已经足够好了，好到爸爸不必去红旗农场继续劳动了，但是还不足以分配到较好的单位，更不足以得到公平的对待。就这样，爸爸被分配到了刚组建的"江苏生产建设兵团二师八团"（兵团中条件最艰苦的一个团），任命的职务为"团副参谋长"。为了全家不分离，妈妈也由原来的复员回上海，改派为"二师八团政治部组织股干事"。这样，我们在大蜀山的干校生活便告结束，准备搬家去那遥远的未知的"二师八团"。

---

[1] 邓元，邓亭的儿子。

爸爸自 1946 年参军以来，一直从事无线电技术侦察。他很早就是破译部门的主要研究人员，杰出的 "coad breaker"。工作中他一直勤奋好学，刻苦钻研，也有许多斩获。解放战争期间，以及后来的第一次台海危机，解放一江山岛，收复大陈岛和 8.23 炮战中，多次受到总参三部和中央军委的嘉奖，50 年代就被晋升为总参三部五局的三名研究员之一。他高度酷爱自己的岗位，酷爱这种思维和智力的博弈，早就准备为之奉献一生。文革的急风暴雨打乱了他的人生规划，干校的分配离原先的事业，注定会越来越远了。但是从眼下的监督劳动，到下一步有点工作可干，还是有很大的不同。他没有空叹抱怨，而是抱着"不信残云能蔽日，冰霜覆处育春华"（摘自他 1969 年 4 月《告别五局》诗作）的信念，不计荣辱，精神饱满地去准备迎接人生的下一个挑战。

1970 年底，我从学校（合肥郊区第十五中学）拉练回家后，就忙着和爸爸一起收拾东西，装箱，用草绳草包打包。快要离开大蜀山了，爸爸还忘不了山脚下众多的柞木树。柞木是种硬木，适宜做斧柄锯把之类的木工工具，爸爸惦了很久，就要走的时候，趁天黑和我一起去砍了一棵，胳膊般粗，砍掉细枝，截成二尺长的料，装进箱里打成草包。还有一些粗的桃木枝，原是春天剪枝时剪下没人管的，也打进了草包。这些树枝到八团搭自留地的栅栏时，作为立柱派上了大用场。

搬家的车是军区运输团派来的，实际上是我们家和黄小苏家合用一部解放牌卡车，各家装半车。黄小苏是前线话剧团的著名话剧演员，干校演样板戏时她还演过《海港》里的方海珍。她丈夫姓赵，是编剧，文革不久被打成"日本特务"，一直没有结论，还要继续劳动。所以这次仅黄小苏一人带着女儿赵霞去二师七团。

江苏兵团二师的师部在响水县的大有镇，下属的七团和八团原本都属国营黄海农场，是个沿海的劳改农场，土地有 60 多万亩，大都为滩涂盐碱地，可供耕种的仅二三十万亩。老底子黄海农场切分为潮河、民生、新荡、大有几个分场。文革中有人说是刘少奇在江苏沿海"为蒋介石反攻大陆准备了30万后备军"（指劳改犯）。这么一说，聪明的领导就将内陆自然条件较好的"洪泽湖农场"和黄海农场来了个对调，所以黄海农场的老农工都操泗洪口音。

黄海农场实在太大了，组建兵团时便拆分为七团和八团。条件较好的大有、东直两分场归七团，团部设在大有。条件较差的潮河、新荡和民生，三个分场归八团，团部设在新荡。近四十万亩的盐碱荒滩，也划入八团的版图。1972年南京军区的大型实弹演习，就借用了这片荒滩，搁现在应该叫江苏的"朱日和"。

行李装车之后，我们一家先来到南京高楼门，落脚沙涛阿姨家。干校的小伙伴思军、思远也在高楼门，晚上我曾和他们睡在一起。一到高楼门，马阳就告诉我，现在大家都在学装"来复再生式单管收音机"。于是我也投入跟进，跟思军一起上新街口附近的摊贩市场买二极管、三极管，买肥皂盒（改作收音机盒）、电路板等必备的元器件，跟大家学着在电路板上钻孔，用漆包线绕电阻，可惜没等完工，我们就离开南京奔八团去了。

在南京，爸爸去珠江路的家具店买了一张棕绷床，一张"一头沉"的小桌子和一把椅子。这张桌子一直伴随他走完生命的旅程，迄今还放在书房里。他的绝大部分书信、诗稿、文章都是在这张桌子上完成的。爸爸在南京的时候，还去看望了姨婆和舅公。姨婆家已被逼搬出大全福巷的老宅，迁到城南三山街附近的小巷子里。

沙涛阿姨对我们非常热情，中午常叫马阳上鼓楼食品商店的熟食部斩盐水鸭回来加菜。也就在这阵子，马阳指点我：盐水鸭要吃鸭脯，比鸭腿更嫩。

我们一家在1971年初的一天下午离开南京，天阴沉沉的，非常冷。我们在新建的中央门汽车站上了去淮阴的长途车，那时车开得慢,天擦黑时才到洪泽。车开进一个"服务区",就是个小食堂,提供餐食,国营的尚不坑人。晚餐吃到用洪泽湖鲤鱼做的瓦块鱼,饭后继续赶路,直到七点多才到达淮阴。当晚住进兵团招待所。第二天一早,又乘淮阴出发的长途车,沿国防308公路到陈家港的前一站——"黑大桥"下车,顺着一条机耕路步行三、四公里,始到达八团团部。

"黑大桥"之名来源日本侵华战争时期,当时日军在陈家港登陆上岸,行进到"黑大桥"处,为了渡过15米宽的小河,架设了木桥,所用木材由日本运来,周身涂满黑色的柏油防腐,桥呈黑色,当地人便称之为"黑大桥"。2008年我再次去八团,见"黑大桥"已被一座丑陋的水泥桥替代,河面飘满发泡塑料和塑料袋子,肮脏不堪。

走在阳光下的机耕路上,一眼望去路旁大片大片的条田,生长着绿油油的小麦苗。路旁没有一棵树,远处的连队驻房和团部的水塔,清晰可见,没有任何树木遮挡,寒冷的风扑面而来,空气中夹着一股咸涩的气味。

我们被领到团部宿舍的3号房,打包的行李已经先于我们放在"一室一厅"的单元房子里。看着我们一家这么多人,外婆、小芒、我和爸爸妈妈,一室一厅实在不够住的,管理员当机立断打开了西头二室一厅的房子,又调拨来两张单人床,才容我们暂时安顿下来。所谓的"二室一厅",就是简陋的平房,中间留个吃饭的"厅",加左右两间住房,泥巴地坪,没有天花顶板,抬头可见芦席铺瓦片,厅的后门连着"灶披间",支灶台放水缸。记得3号房当年住满五家,东头的二室一厅是刘副团长家,中间三套全是一室一厅型,分别住了老宫家、冯参谋家和王股长家。

打开行李后的第一件大事是支灶台。爸爸去团部小卖部买了二口生铁锅和一个生铁罐,请人用红砖支起灶台。记得灶台台面用两个废电池里的黑色粉末和水泥混在一起涂抹而成，很光滑。我们全家人只有外婆有烧"窝窟"的经验，没想到快速派上用场。之后，又买了个烧灶专用的铁叉，自制了一根吹火的竹管，在灶门口加上挡风的铁皮，完成这一步，烧灶就容易了许多。

　　柴火，主要是棉花秸杆，十元人民币装一驾马车，基本够烧大半年的。引火用玉米秸，还有干草。报纸不大敢用，那上面总有伟人的照片和名字。夏天有时我也会去荒地上割一些盐蒿之类的野草，晒干后挑回家。殷竟去八团时，同样经历过。我们早上开始割草，割完后，让草在骄阳下晒着，我们去水渠里游泳，玩够了就担着捆好的草回家。这种干草是最好的引火柴，一点就着。

　　烧柴灶，每天要从室外的柴堆里抱上一堆干柴火，码放在灶房，每天必做，一旦忘了，若碰上下雨，就要烧湿柴。那真不容易烧，倒烟熏得眼泪鼻涕乱流。

　　还有件每天必做的事——挑水。整个团部宿舍区只有一个公共的水龙头，由机井、水塔供水。家里灶房支一口大缸，每天至少一担水的任务就由我来承担。开始是用干校带来的小铁桶。后来爸爸买了一对新的桐油大木桶和一根新的桑木扁担，我就学会了和当地老农工一样，担着水左右换肩，悠悠地小跑起来。我的肩膀也是那时候练出来的。

　　八团地处海边，水虽然是从机井中抽出，仍含盐碱，十分涩口。记得舅公曾来信，根据他在盐阜的经验叮咛要"吃饭先吃菜，喝茶代喝水"。有一次回南京去看望姨婆，恰逢庆成姑姑也在，谈起苏北的盐碱地她插话，"这好办，南京大厂镇化工厂生产这么多硫酸，往盐碱地里浇，中和一下就行了"。这话显然不现实。

　　说起庆成姑姑，我们在八团时，有一次她带着年幼的孩子，不知怎么找到了响水县政府，上那里打听去八团的路径，并说有表哥在八团任职。响水县政府通过电话向爸爸询问，爸爸没有表态接她来八团。庆成姑姑随即被政府收容、遣送,送回了江宁农村。这件事,在爸爸心中竟构成一块心病,每每说"不应该",不该不接她来。直到晚年,还多次喃喃地唸及。

八团和七团,原本都属于国营黄海农场,员工是文革高潮之后由洪泽湖农场对调而来的。原农场有泗洪的农工和60年代初下乡的知识青年,后者被称为"老知青"。1969年3月底,又有大批苏州和南京的知青迁入,苏州知青主要是苏高中和师院附中的,还有一些由居委会组织来的"社会知青"。到1969年底,江苏生产建设兵团开始筹建,知青劳动的单位一下子由"农场"变成了"兵团",什么"屯垦戍边""黄海前哨"的口号喊得震天响。兵团这块牌子,在面临下乡插队的城镇知青眼里还挺很吃香的,兵团也知因势利导,抓紧这吃香的时代,多招些知青来应付那大片荒芜的天地。

爸爸到八团后,挂个"副参谋长"职,主要任务是抓一些特殊的临时性工作。他接到的第一个任务就是去盐城地区的各县"招兵"。当时家里还没有完全安顿好,爸爸就和"招兵"小组的人一起出发了。他们到盐城的各个县城,穿着军装把名牌一亮,把待遇一说(月工资15元,好过下放到各县的公社),再有一个动员报告,把"穿军装""发枪""人民解放军战士待遇"之类的模棱两可的话一说,忽悠报名的人数大大超过预招的人数,然后就是安排地方医院的体检和交通单位的运送。爸爸后来回忆起这段工作,说是非常顺利,受到各县政府的款待,人家总是招待他们吃螃蟹,这对爸爸这个从不吃也不会吃螃蟹的人来说,着实是一大挑战。

新招的盐城地区知青,一个月后都陆续到达团部,然后由各连的马车拉到连队。这批人被称为"新知青"。后来爸爸组建警卫连时,主要的骨干从"新知青"中挑选,这批人戏成了他的"子弟兵"。

新知青到达后的第二年,出了一件大事。当时团里为了减少亏损,把以往的飞机喷洒农药杀棉铃虫,改为人工喷雾器喷洒(原黄海农场为苏联人设计，大田直播高度机械化，喷洒农药都由飞机执行，由此发生的成本也很高），喷雾器里药液都在田边的水渠里加水配制，结果有一位女新知青误饮了渠道里的水，当即中毒身亡。人死后家里人来团里谈赔偿，团里的负责人说，当时招人时说好的，按"人民解放军战士"待遇，战士阵亡的补发20个月津贴，现在每月津贴6元，赔偿也就是120元；如果有兄弟姐妹，想来兵团接过姐姐的"枪"，我们当然也欢迎。

爸爸招收新知青回来后，他自己似乎也很快适应了改写的人生剧本。我看到他的书桌上经常放着什么"世界各国农业发展概况""美国水稻直播技术"一类的资料，还特别关心《参考消息》中对中国农业的报道，他似乎真要在农村义无反顾地干下去，实践"上半生打仗、下半生打麦"的抱负了。

时间很快就到了6月初的麦收季节。1971年的麦子长得特别好，难得一遇的丰收年景，也是兵团成立以来的第一个大丰产。可惜的是天公不作美，老天从5月底开始下雨，天天下，从不间断。一连几天的阴雨把机耕路泡软了泡烂了，康拜因（大型联合收割机）根本下不了田。这对一个高度依赖机械作业的农场而言，不啻是一场灾难。团里很快做出动员，所有人，包括我们学校的学生老师，都拿起镰刀走向麦田。但是望着一块块看不到边际的麦田，一片片在风雨中摇曳的麦穗，没有一个人认为可以"人定胜天"，可以"丰产丰收"的。

人工割下的麦子很快便堆满团部的食堂、礼堂和学校的教室，虽然有专人在不停地翻动，但受潮的麦子仍然在升温、发霉、发芽。仍有大片未割复旦麦子躺在地里，待到雨后天晴，康拜因可以下地的时候，麦穗上都已长出了绿绿的新芽，本来金黄色的麦浪，不知什么时候被"奇人"用浅绿色涂抹了一遍。

发芽发霉的麦子不能当"公粮"交国家了，只能自产自销。团部食堂开始大做绿色馒头，吃起来有点甜，腻滋滋的还黏牙。我们家也按规定买来一袋绿色的面粉和一袋发芽的麦粒。爸爸本来是不大欢喜吃面食的，到了这个时候，他也主动要外婆多做绿馒头，尽量用绿面粉代替主食，以减少一点团里的损失。外婆尽其所能用绿面粉做出馒头、花卷和烙饼，但发芽的麦粒大都被喂鸡用掉。那年我们家养了九只母鸡，其中一只还抱了窝，在我的屋里孵出了七只小鸡。

麦收刚刚结束，团里又交给爸爸一个新任务，带队去海边修海堤。八团地处的黄海之滨，由黄河冲刷下来的泥沙淤积而成，享誉成为共和国最年轻的土地，正所谓沧海桑田。海滨一片泥水汪汪，退潮时遍地河沟和泥塘，一望二三十里见不到海，涨潮时绝无大浪排空的磅礴之势，而是海水不断地从河沟及泥塘里涌出，不一会儿就汪洋一片了。为了看大海，看涨潮，邓乐文曾专门来到八团，站海堤上静看过。其实那时横亘在大海与陆地之间的"海堤"，也就是二米来高、四五米宽的一道泥坝，被海水经年冲刷，早已残败不堪，无法抵御海水的内灌。

1971年的6月底，七团和八团接到师部任务，要加固由响水县陈家港的响水河口到东边头罾的海堤，堤高要由原来一两米加到四米，堤宽也要加到七米。这场特殊战斗，当然点将"副参谋长"。团里决定由爸爸带队，由各连抽调的知青奔赴修堤工地，八团主要负责靠近灌东盐场的那一段。

这大概是爸爸第一次独立带领大队人马出征。在他过去的工作中，一直是做研究，做"Detail Orientation"的工作。这次叫他全面负责独当一面，对他而言，又是一次新的挑战。但他很快就适应了这个新的角色。

他们到达海边后，先在盐场借了几间仓房，作为指挥部和食堂。很快，各连知青们用马车拖来毛竹和芦席，打起了窝棚，工地的宣传喇叭也不断播放起革命战歌，表扬起好人好事了。

爸爸每天的第一件事，就是要去各连的工地查看，询问进度，及时召开工程调度会，解决出现的任何问题。当时的土方工程完全靠人力，锹挖肩挑，没有任何工程机械。最主要的问题是，在长满了盐蒿子荒茅草的土地上取土，十分不易。时值夏日，气温又高达三十七八度，各连都有人中暑。爸爸和各连的连长商议，避开中午的高温，下午三点之后再出工。由于炎热和大强度的劳动，很多人的胃口都不好，食堂做的咸菜红烧肉也不像以往那样受欢迎。爸爸就去食堂和炊事员商量，每天一大锅素汤为大家消暑。一到晚上，又叫人在上风头点燃盐蒿，用浓烟驱赶蚊虫，让大家能好好地休息睡觉。为了调动大家的积极性，加快工程进度，爸爸还和带队的各个连长商议，将每天的工程量承包到各个班，完成了承包量的班就可以早收工早休息。这样一来大家都争先恐后，拼命多抬快跑，但实际上完成了当日工作量的班并没有早回去休息，而是"义"字当头，主动帮助进度慢的班。这下子，整个工地热火朝天地干起来，也没有人出工不出力混日子了。

工地上还开展了劳动竞赛，每天评比流动红旗，许多知青第一次参加这种大规模的人山人海似的劳动，很亢奋，干得风风火火，很快就保质保量地完成了修固海堤的重任，爸爸带着大家班师回营了。

在八团，作为副参谋长，爸爸也分管军务股和警卫连。作为军务股的工作，1972年初冬，爸爸主持了年度的征兵工作。

那次他亲自写稿，在团部大礼堂给适龄青年做动员报告。我也去听了，现在只记得什么"吃菜要吃白菜心，当兵要当新四军""好铁要打钉，好男要当兵"的口号。其实，当兵是那个时代年轻人首盼的出路，根本用不着动员，人人都为"跳出农门"踊跃报名。那时我也想当兵，但年龄差一点，如果和带兵的多说说，应该问题不大。我把想法告诉爸爸后，他很严肃地说，自己是主要负责征兵工作的，不能带头走后门，以后再说吧。这样倒是我们的邻居小宫（同学）顺利地当了兵，到部队后还给我们家寄来了手握钢枪的照片，感谢爸爸在招兵时对他的照顾。

警卫连的工作也是爸爸分管，以他在盐阜地区新招的知青为主，受命组建了警卫连，近百把人。警卫连分为两个男生排和一个女生排，全按编制连队的标准，配置了半自动步枪、冲锋枪和班用机枪。

警卫连还兼管团部的拘留所。拘留所的房子是原劳改农场留下的，有大间和单号，里面关有七八个人犯。他们大多是刑事拘留犯、"516分子"和所谓的"反革命分子"。后来我们家屋里的地坪，就是这些"犯人"们用了一个星期天的时间，从原来的泥土地换成了掺石灰、煤渣的三合土地。

警卫连除了日常的大田生产劳动之外，农闲时还要完成年度军事科目的训练任务，这些也要由爸爸去安排和落实。他其实并不精明此道，操枪弄棍也不是他的强项，好在军务股的王参谋术业有专攻，帮了他很大的忙。

1972年夏，南京军区在八团的大片荒地上进行大规模的实弹军事演习，爸爸觉得是个练兵的好机会，就主动和军演指挥部联系，疏通渠道，积极参战。最后八团警卫连全连实弹参加了"步兵反空降"和"步兵打坦克"的科目演习，同正规的解放军一起住碉堡（60年代修筑，为防敌军登陆，在沿海建了大量钢筋水泥的碉堡，演习时部队都住在里面），一起冲锋，一起放枪，是军演中唯一一支不穿军装的作战部队。参加演习的知青们不但过足了枪瘾，个个感到无比的光荣和骄傲，回来后都在同学中大吹特吹。

爸爸在当副参谋长时，还兼任团部机关党委的书记。我们所在的八团五七中学，当然也在他这个书记的管辖之下。

有几件小事让我至今难忘。1972年春江苏省团委在南京召开代表大会，分配给中学一个列席会议的名额，由非团员做代表。学校经过同学推荐和老师评议，将我和另一名老农工子弟的名字一同报到团里，团里让机关党委决定。到了爸爸这里，他问都不问我一下情况，就把我的名字划去。那位农工子弟从南京开会回来很快就入了团，在团里各营做报告，风光了好一阵。

还有一件事是1972年的清明之前，学校组织大家去陈家港祭扫革命烈士纪念碑，需要一面校旗。爸爸知道后主动将这活接了过来。那天晚饭后，他拿出毛笔和砚台，让我磨墨，裁好了废报纸铺在饭桌上，一个字一个字地试写，直到吹号熄灯（八团没有电，团部有一小柴油发电机，天黑开始提供照明电，8点半吹熄灯号，停电）。爸爸的毛笔书法体现了他不屈的倔犟性格，专注于骨架结构，力求端庄稳当，法度均衡，格亦不俗，但飘逸通畅不足，润锋略有滞涩。他似乎只练柳体正楷，也教我写过永字八法。以他的端庄的骨感大字写在旗帜上，当然挺合适的。第二天他从写好的字中选了比较满意的字，让我带到学校，老师再将字蒙在白布上，剪裁后让女同学缝到红旗上。这样，一面标有"江苏生产建设兵团二师八团五七中学"字样的校旗，就飘扬在扫墓队伍的前头了。

记得我的入团组织手续，也是由爸爸这个上级书记签字批准的。我在填写志愿书上"亲属关系"一栏时，先询问了爸爸，写上了大舅舅、中舅舅和小舅舅。在宣读志愿书时，当我读到"中舅舅寿文康"时，满座哄堂大笑，我却不知何故。后来才明白，以大中小来称呼舅舅，是爸爸的一大创举，别人家全没有这样叫法。但他们不知道我家里还有一位"大大舅舅"呢！说来也巧，从大大舅舅、大舅舅、中舅舅到小舅舅，他们都曾造访过我们八团的家。

林彪事件之后，政治气氛有所缓和，爸爸他们在老战友的通讯中也将许多不解的谜团，归咎于"林彪阴谋集团"，特别是五局对知识分子、技术干部的扫地出门，也被他们挂上林彪集团的错误组织路线。后来爸爸去师部参加批林学习班，他的批林文章的题目就是"批判林彪集团迫害知识分子干部的错误组织路线"。这篇文章，当时在师里评价很高，说是有理论有水平。再后来他去师里参加《反杜林论》的读书班，又写了一篇洋洋洒洒的体会文章，致使爸爸在二师"双战"扬名，成为人传人羡的笔杆子。

当毛主席说了要"读点鲁迅"传来之后，爸爸在一个星期天将家里压在箱底的《鲁迅全集》翻出来晒太阳，路人问他做什么，他说要响应号召读点鲁迅。但后来我从未看他去读鲁迅的书，倒是大舅舅带来的新版《红楼梦》《三国演义》和《州委书记》什么书，他读得津津有味。

1973年，中央关于内蒙生产建设兵团某些干部利用参军、招工、上学、回城的机会，奸淫女知青，破坏"上山下乡"运动的文件传达后，八团即对刘亮平副政委立案调查。刘是三八式的八路干部，在驻金华的部队医院任政委时就犯有生活错误，到八团后旧病复发，利用手中职权先后与二十多位女知青有染，还利用职权给有关系的人在上学、招工等问题上开后门。同类事，在兵团的各个团里也几乎成为天经地义的，部队军事首长要调一个兵，还能调不动吗？一个命令就行了嘛。

爸爸在八团处于那样的位置（1973年升任团参谋长），也少不了许多有关系的人来托事。但据我所知，他几乎从不给别人办。谢文灿是他们五局边苗根、谢桂英夫妇的弟弟，苏高中66届的，很想调到兵团工厂，但一直没给办。最后，他调到四师二十五团去做中学老师了。他离开八团时送了一本他在苏高中时看的《对数习题集》，这本书后来对我高考补习文化帮助很大。（2012年我去苏州时，还和他见面，一起吃了饭。）大大舅舅的儿子寿建华，从江西插队的地方调到江苏兵团，原想在八团过渡一下直接调往兵团化纤厂，但爸爸也始终没有插手，而让建华去了九团，从九团被招兵到了部队。

还有苏州一位女知青,是附中的,我已忘记了她的名字,经常在休息日来我们家,也是谁托付过的关系,但最后也没有办成调动。爸爸唯一抹不开情面的是邢玉翠的事。玉翠是钱阿姨家的亲属,上海知青下放到外地,名誉上调入八团,然后再作为八团的知青直接调入兵团化纤厂。这桩事,是我后来在化纤厂工作时才知道的。

爸爸在这方面十分律己,甚至非常严苛。我中学毕业时分配志愿表上有一栏"家长对分配去向的意见",当时家里情况是姐姐当兵,妹妹尚不足六岁,按政策我可以留在家里。但爸爸毅然写下:"上山下乡,走与贫下中农相结合的道路。"这就是对我一生的最重要的支持。

1972年的夏天,二师第一次在师部所在地的大有镇举办师运动会。在这之前,各团都组织了不同的代表队全脱产训练,积极准备参加师运动会。八团共组织了田径、篮球、排球和乒乓球几个代表队,几乎参加运动会的全部项目。运动员主要来自团里的知青和中学学生。我那时刚刚结束响水县中学生排球队在响中的为期半年的集训,并代表响水县在盐城地区中学生排球联赛取得了亚军的好成绩,当然成为团排球队的主力。排球队的训练场地是警卫连的操场,泥土地上用白石灰画上线,由两根圆木撑起球网,就开始训练了。五连有几个苏州知青在苏州时就是校队的,排球队基本上以他们为主。

从一开始爸爸就被任命为八团代表队的领队,从确定参赛项目,挑选运动员,并抽调他们到团部集训,再到训练场地的安排,器械、体育品的采买,甚至到运动员的伙食,无论巨细他都亲历亲为,不厌其烦。爸爸每天晚上都要到运动员的宿舍里串门,主要是询问了解当天的训练情况。当他知道大家反映训练体力消耗大,伙食费不够,营养不能保证时,爸爸主动去找团长商量,终于为每个知青运动员争取到一点补助,从每天两三毛的伙食标准提高到五毛,正式比赛时的标准一元一天，中午有用脸盆装的红烧大肉丸子，让人终生难忘。但毕竟那时团里也不宽裕，爸爸一直想着为运动员每人一件印字的汗衫，既作为队服也作纪念，这一愿望最终没能实现。

在大有师部比赛开始后，爸爸的事情就更多了，除了参加赛委会的例会，安排好每天的赛事赛程之外，每个运动队的赛前准备会和赛后总结会，他都必定参加。但他从不以领队的身份去说话，而是像朋友一样去交流。记得一次和田径队一起开会时，爸爸就谈起当年在南京五局，借十三中运动场开运动会，自己参加跳远的心得："拼命地加速跑，到踏板处猛地蹬踏，向上一跃，成绩自然就出来了。"

我们排球队在和九团的比赛中失利，许多队员心想没有打好，要挨领导训了，有点垂头丧气。爸爸从头到尾观看了比赛，赛后总结会上，他什么也不说，而是用刀切开他从镇上买来的西瓜，让大家吃瓜解暑，好好休息，争取打好下一场比赛。大家很快卸去心头压力，又充满信心地投入到后面的比赛。

在八团的时光，生活很艰苦，也很节俭。当时我们家的工资收入和团里的农工、知青相比，是比较高的，但爸爸时刻告诫我们要节省，要注意影响。在八团买菜都是到连队的菜地，先在会计那儿开一张一毛钱的单据，然后到菜地交给管事的，由他给你装上一大篮子时令蔬菜。我们自己也有一小块菜地，种点青菜什么的。到了冬天则要挖个地窖，存储萝卜白菜。我们自己还养了好几只鸡，下的蛋是小朋友——小芒、寿兵、寿刚——主要的营养品。有时星期天，我和隔壁的小宫一起骑车，去陈家港镇上买肉，爸爸会嘱咐我：不要买得太多，隔壁宫家经济情况不好，一次只买一斤左右；你买的多，影响不好。

我记得在八团唯一买得多的是秋天的老鹅，二毛七分一斤。这鹅春天孵出，吃了一夏天的虫草，收完水稻后又赶入稻田吃稻穗，养得又大又肥,每只 15 斤上下,最大的近 20 斤。家里总是买上好几只,腌制起来,有人去南京时就送去给亲友,或爸爸的老战友。老鹅杀起来不易,拔毛更难。有一年正好文喜舅舅在,拔毛的事就归他了。他几乎是手拔火燎,什么招数都用上了。

当时在青年人中最时髦的,除翻领运动衫就是"大白蓝"——回力牌的高帮篮球鞋,我也渴望有一双,爸爸却一直没给我买过,直到去大有参加师运动会时,才给我买了双蓝色的"小白鞋"。并托上海的丽敏阿姨给我买了一件红背心和一条白色的田径裤。小芒、寿兵当时也都在八团,爸爸从来未给他们买过什么玩具,而是用空罐头筒做了个红灯,让小芒拿着学《红灯记》里的李铁梅。

爸爸在生活上唯一不能迁就的数洗澡。八团团部的浴室是以前劳改农场留下的,大池子相通个小池子,小池子下有口大铁锅,烧一夜才把整个池子的水烧热。到了冬天,每月才开一次,男生一天,女生一天,中间换水。因为没有淋头,爸爸每次都把我早早地叫起,套上外面的棉衣棉裤,就去澡堂等开门。一俟入得池内,叫我快用清水洗头,不然一会儿大家都在池内搓灰,那水就不能洗头了。

爸爸年轻时喜欢摄影,自己也有相机和印相设备。但在八团时他从来没有把这些东西拿出来过,以至于现在家庭影集中,看不到一张在八团时的留影。

八团的生活艰苦还在于没有电,家里的电子管收音机用不起来,我从南京带来的"来复再生式单管半导体收音机"一时无法用电烙铁继续组装。后来团部通讯班的小蔡(无线电爱好者)送了一支煤油灯烙铁给我,才使工程得以完成。煤油灯烙铁就是将紫铜烙铁头连在粗铁丝上,做个弯钩,挂在煤油灯的玻璃灯罩上,靠灯头的火焰加热烙铁头。组装过程中,我还不慎将小电阻落到地上,地上有一大裂缝,电阻掉进去无法找出,多亏小蔡补送了一个才没误事。小小的收音机装好后,戴耳机没听几次就不再用了,原因是"在沿海地区不准戴耳机听收音机"。

　　1973年的9月，爸爸接到兵团调令，调入江苏生产建设兵团清江合成纤维厂任副厂长。我们结束了八团的生活，搬家去清江。爸爸开始了他人生剧本的下一集——"学工经历"。

　　原先在团部相传，由于爸爸在师部学习班和读书班所写的大批判文章和学习文章，为师首长看好，师部想调他去师政治部工作。就在这个档口，爸爸的艾姑和姑父，有一位老战友去北京看望他们时，艾姑谈起了她有一个优秀的侄儿在江苏兵团八团任职。这位老战友身兼江苏兵团司令要职，回来后问明情况，一纸调令，确实优秀的爸爸就被调用新职。

　　从1971年初到1973年9月，我们在八团一共只有两年多的时光。在这段时间里，所经历的人和事，特别是从人生的谷底开始重新攀登，爸爸从一名不许工作的"劳动锻炼"对象，到为国家能做一点工作的兵团干部，他没有消沉，没有抱怨，当然也没有去充当鲠直的谔谔之士。回想起来，算是在历史大潮的沉浮中，本能地做到了一个普通知识人源自良知的应对，竟也做得"行无愧怍"！

　　两年多的时光，只是匆匆的一瞬间，爸爸后来转到化纤厂"学工"，又在1975年重返"Decoad"的岗位，当人生再度向他展开绚丽多彩的画卷时，昨日八团的时光，相映搭配，落成一组黑白照片。在这组清晰的照片中，苏北白茫茫的盐碱地，黄海浑浊的海潮，还有一排排简陋的红砖平房，都成了永不磨灭的记忆。这正是呀——

　　　　人生到处知何似，应是飞鸿踏雪泥。
　　　　泥上偶然留指爪，鸿飞那复计东西……

　　　　　　　　　　　　　　　　2018年3月2日完稿

怀念爸爸

寿肖芒 [1]

亲爱的爸爸：我想你……

爸爸走了已经有好几个月了，可我却还是难以接受这个事实。

爸爸的音容身影，一直停留在我的脑海中，我没有一天不想爸爸。多少次午夜梦回与爸爸相见，醒来后却是泪已潸然。

有一次，梦见爸爸穿着85医院的病号服站在我床前，我高兴地跳起来，一把搂住爸爸，那一刻爸爸的身体温暖又真切，那种失而复得的幸福感使我久久不愿从梦境中醒来，只想把这样的喜悦再多延长几秒。

还有一次，梦见我们吃团圆饭，忽然发现爸爸就坐在中间，我真真切切地看了好几遍，"爸爸，爸爸！"高兴得跳起来，欢快的情绪直飞出梦中，好像真的听到了自己的叫声……

爸爸是这个世界上最疼最爱我的人，爸爸对我的爱，毫无保留，毫无理由，无论我多么的不完美，无论我走过多少弯路，做过多少错事，爸爸的爱从来都没有缺席过。

如此简单的事实，却让我经过了许多年才认识到。

从小就常听人说起爸爸对我的宠爱，已经成了周围的典型，经

---

[1] 寿肖芒，邓亭的幼女。

常有人挂嘴边的"就像老邓对小芒果那样"。可是小时候自己却感受不到，以为所有的爸爸都是这样的。我的生命之初最早的记忆，就是黑窟隆冬的夜晚，爸爸骑自行车载着我去看电影。那时的电影，其实我没有一部看得懂的，绝大多数的时间都呼呼睡去了，唯有爸爸的自行车和小坐椅留在了记忆中。现在想来那个年代物质匮乏，交通不便，电影恐怕是唯一的也是最高级的娱乐了。爸爸一定是想要给我当时条件下的最好，才会不辞辛劳一遍遍地骑行在乡间夜晚没有灯光的土路上。这些路上，承载了爸爸多少的父爱！

小时候我很挑食，爸爸常常为我的吃饭问题伤脑筋。印象很深的是有一次，爸爸出差回来，给我带了一包白色的鸡蛋糕，因为我不爱吃普通棕色的蛋糕，爸爸想换种颜色让我试试。由此可看出，爸爸即便出门在外，念兹在兹的还是孩子。

小学时曾经有小朋友到家里来等我上学，后来听到她们议论，爸爸竟然不管上学会迟到了，非要我把早饭吃完才能走，她们都等不及了。可见，在爸爸的眼里，孩子的身体健康比什么都重要。我当时还觉得奇怪，难道她们的爸爸不是这样的吗？

我的人生轨迹所有重要的场合，都有爸爸的扶持、陪伴。孩童时在农场八团，没有玩具，没有书籍，爸爸就自己给我做了一个红灯，这个时尚的玩具让我爱不释手，过足了偶像李铁梅的瘾。

再大一些，就记得爸爸旅行出差，常常把我带在身边，去了南京，北京，上海，后来又去了西安参加奶奶的追悼会，还顺路去了一次延安。那次旅行真是让我永生难忘，好像一夜之间让我成长了许多。我第一次切身地体会到亲情的温暖，和许多的亲友一起旅行，那种浓得化不开的幸福感，人生中好像没有第二次了。我想这也是爸爸宁愿让我缺课，也要带我出门的原因吧——一方面可以饱览不同的风景，体验各地的风土人情；另一方面也是让我在记忆中留下美好的回忆，和爸爸一起旅行的回忆。

如今我也如出一辙，无论去哪儿都想带着孩子，我也更理解爸爸当年的心情。我还清晰地记得，爸爸在火车上给我讲白娘子和许仙的故事，告诉我火车是怎么调度轮班的，让我长了许多书本上接触不到的知识。大一些后，爸爸手把手教我系鞋带，教我缝衣服时最后怎样打结收针，扶着我教我学会骑自行车，参加每一次的家长会；再后来，亲自帮我准备好行李，送我去学农，替我去学校取高考成绩和录取通知书，送我去大学报到，送我出国……每一步，我人生的每个转折点，都是爸爸陪伴着我。

在我去国离家时，又是爸爸的一封封书信、一次次的包裹，让我体会到家的甜蜜温暖和家人满满的牵挂，也让我切身体会到这个世界上功名利禄都是过眼云烟；真正永恒不变的，最值得珍惜的就是家人和亲情。

还记得第一次出国去日本，第一次过一个人的与平常的工作日没有任何区别的春节。收到爸爸的信时已是好些天之后了，信中简单的一句"你春节过得还好吗？"瞬间触动我的神经，一下子让我感到自己独在异乡，无人在意的孤独，让我忍不住嚎啕大哭！天涯海角，最在意自己，不离不弃的永远是家人！

印象中，爸爸似乎从来没有管过我的学习。从小到大，我不记得爸爸曾检查过我的功课或关心过我的考试。这方面爸爸完全放手，任由我自己处理。无论我考得好坏，爸爸也永远都是不太在意的样子。记得刚上初中时，学正负数运算，我因为不熟练常常犯错，且错得一塌糊涂，几次测验都很糟。妈妈已经沉不住气了，可是爸爸依然风轻云淡般，从来没有讲过我。后来我慢慢地熟练了，期中考试得了100分，不过爸爸也没有喜出望外，好像他早知会这样的。

爸爸对我的培养更多体现在校外兴趣上。我刚上学时，爸爸就开始陪养我的阅读能力。那时刚刚粉碎"四人帮",国家百废待兴,书籍尤其是儿童读物少之又少,可是爸爸每次出差或上街,都会买新书给我。我的童年的乐趣很大部分来源于这些书。记得最早读的是一本天文学的科普书,和一本动物的童话书。和爸爸一起去南京,大人们在谈事情,我没有小朋友玩,它们陪我打发了许多独处的时光。直到今天我教孩子时,还会用到从第一本科普书中学到的天文知识。后来出版的书籍多了起来,爸爸又给我买了《格林童话》《安徒生童话》《林海雪原》《红岩》等等,等等。有些书现在还在爸爸的书橱中。

那个年代大家生活都很节俭,能舍得买书的人家不多。所以,我们家成了左邻右舍的图书馆,那时小伙伴们都来我们家借书。上中学后,爸爸又订了许多报刊杂志,《小说月报》《译林》《文萃》等。这些读物狠狠地满足了我青春期的阅读饥渴,让我的一生都受益匪浅。

读高中时,爸爸不知从哪听到,现在年轻人都爱读《金鹰》之类的书,就赶紧去买了一本给我。这本书后来通过我也在同学们中广泛流传,当他们知道此书的来源时,都很羡慕我有这样时尚开明的爸爸,让我好生骄傲!

回想起来,有无数和爸爸共同度过的欢乐时光。在福州时,晚上没什么娱乐,爸爸常常晚饭后带我散步。我会和爸爸聊许多话题,学校里的事,同学之间的相处等等,爸爸也都会讲讲他的看法。我还记得爸爸最常讲的就是,与别人相处时不要计较吃亏,让人占点好处没关系。记着爸爸的话,所以我的生活中也很少与人争执。现在看来,我的价值观、世界观的形成,就是这样一点一滴地受爸爸熏陶的。

成家后,爸爸妈妈好几次到英国和新加坡来看我们,有机会和爸爸妈妈一起旅游、生活，留下了许多美好的回忆。爸爸第一次来英国时已经年近七十，我明显感到爸爸老了，一向身手敏捷精力充沛的爸爸反应慢了下来，说话常需要重复，走路做事都迟缓了。妈妈的一句"爸爸老了，谁都有老的时候"，让我心生无限感慨。爸妈和我们的角色互换了，从今往后，是爸妈需要我们的扶持和照顾了！

我人生中最重要的时刻，妹妹和弟弟（两孩子的乳名）出生时，爸妈都在我的身边，见证了他们来到人世。两个孩子的名字，都是爸爸起的。第一次生孩子，因为没有经验，妹妹头两个月日夜啼哭，爸妈为了我能休息一下，常常把孩子抱开，再吵再闹都不把叫我起来。爸妈辛苦了！那时为了遵循医生母乳喂养的说教，不敢给妹妹添奶粉。偶然一次爸妈给妹妹喂了邻家的半瓶奶后，妹妹停止了哭闹，满足地睡了。爸爸二话不说，立刻一路小跑到超市扛了好几罐奶粉回来。能想象一下70岁的爸爸在英国的乡下一路小跑的样子吗？我做月子时，也是爸爸上坡下坡来回步行近一小时去市场采购全家人的食品，再大包小包地背回来……爸爸为我，为孩子们所做的一切，都点滴在我心，永远都不会淡忘！

爸爸最让我敬佩的是他表里如一，纯粹的品格，高尚的精神。他的一生清贫正气，真正做到了不计名利，不计个人得失，兢兢业业，毫无怨言地为国家，为自己热爱的事业，奉献了全部的心血；可以称得上是一片赤子心，从来没有专为自己和家人谋取过任何非分的私利。

生活中见过太多的人，无论怎样名声显赫，德高望重，一旦牵扯到个人利益，马上就会露出真本性来，中外莫不如此。正因为这样，才更觉得爸爸的楷模风范。以前总觉得，楷模都是书上写的，离我们很远的人。可是看到爸爸，后来又听到太奶奶史美媛，奶奶邓评，爷爷刘子久，舅公邓克生的故事，真正的楷模其实就是自己的家人，他们担得起"楷模"这两字，我为有这样的家庭感到自豪！

爸爸是个心胸宽广的人。文革中爸爸受到许多不公正的待遇，尤其是奶奶的惨死更是令人发指，痛彻心扉。爸爸有足够的理由心怀怨恨，愤世嫉俗。可是，这么多年里，爸爸从未在我面前抱怨过一句，也从未说过任何人的不是。传递给我的，永远都是满满的真心爱心，永远都是积极乐观向上的精神。爸爸的那些不公正的遭遇，都是我后来从别的亲朋好友处听说的，这方面我恐怕永远都做不到爸爸那样豁达。正所谓"君子坦荡荡，小人常戚戚"。爸爸的一生无论对国对家，都无愧于心，是我们后辈的榜样。

爸爸是典型的中国传统知识分子，用他自己的话说就是一介书生。究其一生，爸爸对物质享受没什么要求，却对精神境界情有独钟。来过家里的人，都对爸爸的书房印象深刻。爸爸喜欢书籍，古典文学和诗词造诣，是我们及其后辈无法企及的。但爸爸却并不保守，而是有一颗年轻的心，时时乐于学习新知识，接受新事物。在英国和新加坡时，爸爸最喜欢的就是图书馆，可以看到许多国内没有的书。1997年爸爸第一次去英国时，接触了互联网，立刻让我教他怎么用，还用笔一步步地记下所有的步骤，常用的网址也都手抄在本子上，密密麻麻记了一大本，这对一个年近七旬的老人谈何容易！前几年微信刚流行时，爸爸也马上装了微信，并很快可以和我们在微信上联系了。爸爸这种活到老学到老的劲头，在老年人中是非常难能可贵的。

爸爸又是一个感情充沛，心底柔软的人。还记得小学五年级时，爸爸介绍我读一篇描写警犬和主人感情的小说，我读完之后也是深为感动，让我第一次觉得和爸爸有共鸣。我印象中爸爸从来没有对孩子们发过脾气，无论孩子们做错了什么，爸爸都是充满了爱心，耐心和信任。这点我远远比不上爸爸。妹妹考中学之前有段时间沉迷电脑游戏，成绩掉得很厉害，那时我很急躁，常常不能控制自己的情绪。每到此时，爸爸妈妈都会把妹妹叫到自己的房间，给她鼓励打气，安慰她，完全信任妹妹。现在妹妹进了她心仪的大学，爸爸妈妈功不可没。

爸爸对奶奶的感情更是让人动容，奶奶是爸爸心中永远的最痛，没有保护好奶奶是爸爸一生的愧疚。记得从奶奶的追悼会回来，爸爸用硬皮纸亲手做了本影集，专门存放奶奶的相片。爸爸曾经要我为奶奶带黑纱去学校，小时候不懂，因为害怕同学们会说，就没同意。现在想来，却非常非常懊悔。如今的我，一定会把家人的感觉放在第一位，而不会在意别人怎么说了。

希望现在爸爸，终于能实现他多年的愿望，和最爱的母亲在天堂相会，永远陪伴着奶奶，再也没有人可以把他们分开了！

爸爸走得实在是太匆忙了！

从第一次住院到最后的离开，还不到一年的时间，所有的人，包括爸爸自己都没预料到病情会这么快急转直下。一直以为爸爸还能坚持几年的时间，可能是因为我们都太爱爸爸了，所以本能上，潜意识中一直在排斥那些不好的结果，放大正面的情况。

爸爸的离世，对我来说太突然了，难以接受。还记得2016年底，我和爸爸在医院长谈，爸爸谈到他从前想都没想到能活到如今的岁数；现在看来活过90岁应该是没问题的。2016年基本上浪费在住院上了，等出了院，2017年要把文稿好好地整理一遍。那时的爸爸何等乐观，而我也完全接受了这份乐观，相信爸爸会好起来，会出院，会完成他的心愿。

话音犹在，爸爸却再也没能走出医院！何等的惨痛！那时哪里想到，这是爸爸和我的最后一次交谈了……

唯一可以安慰的是，最后的那一夜，我一直在爸爸的身边，不停地替爸爸擦拭发烫的身体。我也一辈子都会记得那个晚上，爸爸沉重的呼吸声……

清晨，爸爸走了之后，我一个人守在爸爸的身边，一遍遍地拿热毛巾敷爸爸的脸，想把爸爸重新唤醒……

早知如此，我一定会早些回来，多陪陪爸爸，和爸爸再讲讲话。这样的时刻，有多奢侈啊！

许多年来，我所能想象的世间最幸福的事就是，拖儿带女，大包小包，下了车，进了电梯，推开门，明亮的灯光下，爸爸妈妈笑盈盈地迎上来，桌上已摆满丰盛的饭菜——一年中常常翻着日历过日子，最期盼的就是这样的时刻——而今这样的期盼却缺了一角，往后只有妈妈孤单的身影，再也没有我日思夜想的爸爸了！正像人们常说的，父母在，人生尚有来处，父母去，人生只剩归途！

爸爸最后的那段时间，我们父女交谈时，最放心不下的就是妈妈。我告诉爸爸，如果需要，我会回来陪伴妈妈。爸爸说，这样最好了。爸爸放心吧，姐姐、哥哥和我，我们一定会把妈妈当宝贝一样照顾好；为了我，也为孩子们葆有一盏永远亮着的灯，随时可以回的家！

爸爸走了以后，"父亲""爸爸"对我来说都成了关键词，每每扫到这两个词都会灼痛我的眼睛，不忍直视。

没有爸爸的节日，更像是伤痛的纪念日。

前些日子，带孩子们在滨海湾迎圣诞。当彩灯闪烁，音乐响起，雪花飘下时，我却在眩目的光影中一下子看到了爸爸，一如既往地微笑着。想起去年的此时此刻，我还在医院陪着爸爸，转瞬间就是天人永隔，可是爸爸却常常在不经意间出现。我的视线模糊了，身边人们的欢笑都成了背景……我知道从今而后，所有重要的场合，爸爸都不会再缺席，他会像今日一样默默地来到我的身边，分享我所有的幸福时刻。

夜深了,人静了,世界好像停止了。

此刻,只剩下爸爸和我。只想轻轻地问一声:爸爸,您在另一个世界还好吗?

女儿 小芒
2018 年 2 月

无形的家风

——忆岳父邓亭

赵小彬 [1]

我的岳父邓亭在我印象中是和蔼知性，正直坦诚，做事认真，勤奋好学，不急不躁，没有脾气，生活简朴，爱吃辣椒。不抽烟、不喝酒，也不是茶客。主要个人爱好是阅读。

八十年代，邓亭家添的第一个家具是书柜，第二个家具是书柜，第三个家具是碗橱，但是也用来放书了。记得我认识邓亭不久，第一个任务就是到南京出差时帮他买一本《稼轩长短句》。与小群的交往也是从借书开始。

由于爱学习，他对社会现象的认知更显客观。既没有多数老干部对待领导人的盲目迷信和"愚忠"，也不会像无知"愤青"对领袖的无端贬低。

无形中，他的言传身教，使得他的子女晚辈，都能做到认真读书，坦诚做人，不投机取巧。且大多学业有成。也全部养成不抽烟、不喝酒的健康生活方式。

邓亭对子女的教育，虽没有传统的家训，却形成了无形的家风。

---

[1] 赵小彬，邓亭女儿邓效群的夫婿。

诗一般的情怀

叶志南[1]

第一次与爸爸坐下来谈天，是在他的书房里。那是 1994 年的秋天，上海天气转凉了，空气中弥漫着萧瑟的寒意。那次见面，印象比较深的是书房靠里的那面墙，几乎都被几个大玻璃书橱给占据了。从书橱的最右上角一整排的中共高级将领战略全集，到最左下角的少年读物《海底两万里》，各种各样的书都有，里面掺杂了历史、中外文学、人文地理等书籍。除了这面书橱墙，靠房门进口的那面墙，还有一个小型的书柜。这个书柜仿佛是爸爸放他最心爱书籍的地方。橱柜里面的书摆得整整齐齐，满柜子有关诗词的书，从先秦到唐宋，从元曲到现代诗，一应俱全。

那是第一次到老丈人家，没敢动他老人家的书。

1994 年底我们到了英国，开始我和肖芒的留学生涯。求学的日子虽然收入不多，但日子过得相对轻松些，总有闲暇的时候，能静下心来看书。但英国毕竟是西方国家，中文书少得可怜。谢菲尔德图书馆里，我有兴趣看的书籍几乎都借过、阅读过。没书看的日子我就开始练字，抄宋词。没多久，爸妈第一次到英国来看我们。爸爸看我老是在抄那些宋词，就告诉我有一本沈祖棻先生写的《宋词赏析》很值得看。可惜那年代没有万维网，没法上网下载该书下来读。

---

[1] 叶志南，邓亭女儿寿肖芒的夫婿。

1998年妹妹出生，爸妈再一次到英国，帮肖芒做月子。妹妹的名字"欣然"是爸爸取自毛主席的序"浮想联翩，夜不能寐，微风拂煦，旭日临窗，遥望南天，欣然命笔"，寓意是希望妹妹这辈子心无挂碍，每天开开心心地过日子。那次爸爸也从上海带了两本书到英国送给我。一本就是爸爸跟我提过的《宋词赏析》，另一本是王国维的《人间词话》。这两本书对我的影响深远，两位大师级的宋词专家，把我从欣赏宋词的境界，提升到赏析的境界，再让我领略了什么是王国维老先生的古今之成大事业、大学问者，必经过三种境界。

为了传承中华文化，在欣然小时候我们就开始教她一些简单的唐诗宋词。小孩子记性好，教几次后就能把几十个字的宋词背下来。欣然四五岁的时候，有一次参加由留英中国学生会举办的一个春节庆祝会，会上欣然一字不漏的把苏轼的"水调歌头"给朗诵出来。过后我们把这首欣然在会上朗诵的录像，连同其欣然她背咏宋词的录像寄到上海给爸。爸爸收到录像后非常高兴，还写了首"江城子"相应和——

《江城子》
一曲自天边
字涓涓、韵绵绵
俐齿伶牙，堪比二珠先
应信书香终有种
新秀继、看欣然

2006年我们三口回了一趟上海。那时我们在英国也已经呆了十几个年头。常年的在他乡生活，总是纠结着是否应该落叶归根，回到自己熟悉的故乡。在上海其间爸爸送了我一本口袋书《诗词格律手册》，希望我把格律给学好，可惜我为生活终日营营，格律始终都没好好学，辜负了爸爸对我的期望。小手册里倒有首南宋词人蒋捷写的"虞美人·听雨"写出了我当时的处境，让满怀乡愁的我感触良深，最终下定决心回国，结束十几年的飘流生活。我现在微信上用的匿名"听雨僧"，就是从该词的段落里取出来的。

爸爸虽然大半辈子过的是戎马生涯，但却以诗一般的情怀生活着，一边战情军务，一边写诗，像似宋朝的稼轩、文正；诗词的字里行间，总是流露出他对这片土地、这个民族的关心，饱含着对祖国的热爱。

《满江红·离休初度》
人过中年，身已入，离休行列；
心却是，戆愚难改，不甘消歇。
每有余闲思往事，偶从来使询新捷。
虽关山阻隔两肩轻，犹关切。

今年（2017年）5月到清竹园拜祭爸爸。清竹园环境优美，漫步在园里蝉声处处，是一方静土。每当听到蝉声，总是想起爸爸他老人家在书房里挂着的匾文"遠離銅臭"。愿爸爸此时已化身成清竹园里的蝉，在漫想熏风，柳丝千万缕的季节里，聆听着曹子建为他吟咏的这首辞赋——

实澹泊而寡欲兮
独怡乐而长吟
声皦皦而弥厉兮
似贞士之介心
……

孙辈的怀念

忆外公

赵欣蓓[1]

我从大约三岁起就在外公外婆身边长大，外公带给我的回忆太多太多了。我小的时候喜欢跟在外公屁股后面，他叫我"跟屁虫"，我回嘴说："难道你是屁吗？"我刚上中学的时候，去外公的社会主义学院吃中饭，最爱的就是"社会主义狮子头"，如今这也成了我儿子琢磨的最爱；从小我跟着外公外婆到处旅游，他们带着我去北京、张家界，带着我坐了第一次飞机。但是小的时候我并不觉得这样的爱有什么特殊，直到我长大了，做了妈妈，开始从长辈的角度看待养育子女的问题时，我才渐渐看到了因为外公对我的养育而留在我身上的 legacy。

首先，外公给了我良好的学习习惯。外公家的两大柜子书，一直是我的心灵家园，我对童年暑假最深刻的记忆，就是在书柜里翻翻找找。找到了儒勒·凡尔纳的《神秘岛》，然后就对那种能用自然界最原始的资源谋生的能力向往不已。那是第一次让书带着我的想象飞翔起来。书柜里的所有侦探小说（涵盖面非常广，法国英国日本的都有）我都看了一遍，让我对推理探案产生了浓厚的也许会伴随一生的兴趣。《飘》是我大了，想要窥探情感时读过的书。我记得，

---

[1] 赵欣蓓，邓亭的长外孙女。

那个时候这些书被老师们归为"闲书"并不太鼓励阅读，但我庆幸外公的书柜里收藏着不少"闲书"，感谢他的广度为我人生的乐趣带来了高度。

如果说有"活到老学到老"的楷模，那一定首推我外公。他七十几岁的时候才接触电脑，写得一手好字的他果断放弃手写，从五笔输入法学起，学习用打字录入他所有的诗文。我知道这就是他，眼睛放光，始终怀有孩童般求知欲的老人。他对学习新事物的热情总是发自内心的，从不考虑能否学得会，也不顾虑年龄是否偏大了。他对知识的赤子之心，不知在什么时候传染给了我，我会选择学自然科学，也是因为对可以终生学习的这种状态的神往。

外公的中文水平很高，记忆里他退休后的工作就是校改稿件。那时候我会把作文拿去给他看，他总是会提醒我用更准确的词去表达自己的意思，着力去掉没有意义的废字。这渐渐地成了我的习惯。虽然我的中文多有荒废，但是在我翻译的时候，仍然会对中文选词反复斟酌，因为外公的教诲，我不敢忘。

如果说这些学习习惯是可以言传的，而我外公有一点确是现在身为家长的我们这些人远远不及的。在读西方亲子教育的书时，我注意到"无条件的爱"，多处多次提到，分明是劝导什么？在我们的成长印象里，难道不是"如果你表现好，我就喜欢你，否则我就不喜欢你"吗？一但回想起来，"爱的教育"这种方式，我首次听到就是从外公嘴里娓娓道来的。我记得他说过："对小孩子不要责骂，你就是要爱他、包容他。他为了不辜负你对他的爱，就会变好的。"自己做妈妈前，关于以爱施教的理念我还很懵懂，如今回想，外公一直是身体力行地贯彻无条件的爱的。

我小时候特别喜欢听相声，爱反复听最喜欢的段子，一般大人会觉得很无聊，只有外公帮把相声都录下来，为我反复地放，陪着我重听重看，虽然大部分时候是我全神贯注，他在观赏我的傻笑。

一种不带评判的原本简单的陪伴，给了我莫大的安全感。在那"性"遭别扭的年代，我进入青春期开始发育时，羞于启齿，但我只把自身的事情告诉外公。这么做有点出人意料，细想起来又很自然——你的秘密不是应去跟你心灵最近的、并且从不会错判你的人分享吗？

在博士毕业后，我没有选择继续科研工作，几乎所有人的看法都趋近一致，觉得我这么放弃太可惜了。只有外公在听了我说出理由后，写了首诗鼓励我"敢向寰尘塑洞天"。外公时时刻刻都让我觉得，他完全信任我；在我做得好的时候，他不吝夸赞。外婆要做乳腺癌手术的时候，我从英国飞回来陪她，之后提起这事，外公眼里噙着泪水，说我的行为让他感动。外公日常的真情流露，我能感受到，那是他的欣慰、疼爱与惋惜。他从来没有空洞的说教，会用情感灌溉我，让我能够成为一生追寻心灵富足的人。

外公在子女择业择偶时，都给予完全的自由。记得那次我们上北京玩，小姨从新加坡打来电话，说她准备结婚，一通简单的理由，外公的回答是："你自己决定吧。我们相信你的决定！"我在场，听得记得比小姨父还清楚。同样的许多自由，外公也给了我妈妈。当我妈妈在对我教育时，也会尽可能地让我自主选择。从小培养自主性，对一生影响巨大，给我现在独立、健全的性格奠定了基础。

外公对我的影响，还在于他对于女性的态度。在这个家庭长大，能真真切切体会男女平等，甚至更因为我是女性而感到骄傲。外公一直都跟我说，一个家庭里女性的角色是何其重要，也希望我成为家里的"大丫头"，能顾好家里的方方面面。正因为如此，我从没有考虑过自己的性别限制，享受了真正的自由，足够奢侈的自由。

我一直都觉得我们家是有些不那么正统的家庭，一个管舅舅们叫"大舅舅、中舅舅、小舅舅"（这也是我外公的杰作）的家庭。但如若不是这些突破成见的教养方式，我们还会是现在这样享受着灵魂自由的我们吗？感谢你给我翅膀，我最亲爱的外公。

爷 爷

邓安童 [1]

童年的记忆

从小长大,每次来爷爷家都是我每年很期望的一件事。爷爷从来都会很耐心地和我谈心。从幼儿园到小学,爷爷总是可以用我理解的语言和我探讨我的想法。爷爷的书柜对我来说总是一个神秘的地方。小的时候爷爷总是对我有学文科的期望,但我总是懵懵懂懂地理解不了"读故事"的重要性。爷爷还是一直不懈地给我买书看,他会很有心找到适合我看的书。给我的书从来都不会是古书,总是现代的和流行的。我看到的第一本英文书,是爷爷买给我的;我第一次看到生物基因的书,是爷爷买给我的;我的第一本女生例假生理教育书,也是爷爷买给我的……爷爷虽说年长,但是从小的时候把我和这个新世界接轨的那个人,确是爷爷。

爷爷对我不光是教育,我的童年充满了爷爷给我的爱。不管是我小时候感冒发烧,还是在家里大吃爷爷家里的零食。不管是我中午吵着不睡午觉,还是第一次愚人节的时候,把家里的板凳都涂上胶水,爷爷的无条件的笑容,和用最亲切的口音叫着我"傻童子",是我这一辈子都忘不掉的记忆。

加拿大的陪伴

我高中一年级决定移居加拿大。因为我爸妈的复杂情况,好多人关心我,怕新来乍到会不适应。当然爷爷奶奶也是最为我担心的

---

[1] 邓安童,邓亨的孙女。

其中之一。爷爷决定不管他们上海有多少事，不管他们远赴加拿大长住会有多少挑战，他们都要过来陪伴我，直到我考上大学。我从小到大，许多事情都不太放在心上，总是 oblivious 地我行我素。虽然读书没有什么问题，可生活上到一个新家庭，总是 unintentionally 得罪人，给爷爷奶奶当时带来了不少难题。爷爷总是在我背后帮我化解，一心让我专心上学。当时 16 岁的我，还不太能够体会爷爷奶奶陪伴的重要性。现在回想起来，真不能想象如果没有他们的陪伴，我当时的生活会是怎样。

对一个年过七十的老人来讲，加拿大是个陌生的环境，没有朋友，不同的语言，不同的风俗。爱学习、爱钻研的爷爷，每天会用笔记本记下比较有用的英文单词，看当地的报纸。还一直坚持把他能找到最新的观点带给我。在我慢慢地融入加拿大的环境的过程中，他也用心地学习当地的语言和习俗。我有一次出去打工，老板打电话给家里，是爷爷接听的，他用自己新学会的英文单词成功地和我的老板沟通——"Anne no home, go work"，然后又加了一句"me no speaking English"。当我老板事后告诉我这个故事的时候，我有说不出的自豪。

爷爷晚年

虽说爷爷在年龄来讲是步入晚年，可是我从来也没有感觉到爷爷的睿智、志向和心态有任何的退变。我开始大学，然后上班之后。和爷爷的接触机会就仅限于电话、Email，和两年一次的见面。每次和爷爷接触，都从来没有感觉爷爷在衰老。每次和爷爷的对话都是乐观的，不管爷爷是不是身在医院病房，还是被诊断严重的病症。爷爷总是告诉我，"我的身体很快会好转的，很快会恢复的，你不用担心啊"。

爷爷不计年龄，总是一路紧跟时代，与科技、与市场趋势他从未脱离。我可以想象学习电脑，学习软件，转向数字化多具有挑战性。我可以自豪地向人炫耀我的爷爷，会在电脑上写书，会用软件修改我们的照片……爷爷这样持之以恒的爱学习，直观的榜样，对我有很大影响。下意识里，我知道我的事业目标，不能安于现状，仅仅停留在敬业的一个职工。我知道我个性比较内向，不过我也知道自己的优点，可以让我增强自身的影响力，我必须把我理科的头脑升到更高的平面，引起更多影响。

社会的趋向一直都在变，我知道只要一直进取向上，就会成就我的理想！

对爷爷的想念

爷爷，不用说我有多内疚，没有能回来在你最后的一段看到你，也没有能在你最需要我的时候做什么，这是我一辈子的遗憾。

我是孙辈，虽然住在地球的另一半，你没有一刻不在我的身边；你的影响，是我一生中数一数二的。你是那个每次给我买洪德烧鸡的爷爷；你是那个永远都记得我的爷爷；你是那个永远都给我双倍的爱的爷爷；你是那个永远都不会停下学习的爷爷；你是那个在我被欺负的时候，毫无顾忌地站出来维护我的爷爷……

爷爷，你是那个用自己的言辞举动，给我们下一代作出一个榜样的爷爷；你的智慧和文采，是让我一生都会追求的目标；你的善良，睿智，慈祥和自强，已深深刻在我脑子里，会世世代代传延下去的家风。

爷爷虽然走了，但是不知为什么，爷爷所有的一点一滴，反而一天天得变得越来越突出，越来越明显；在我的生命中，在我考虑我的下一代的时候，也一定会在我的下一代甚至下下一代的生命中延续……

外公和我

叶欣然 [1]

我对外公的最初印象来自于蹒跚学步时迷雾般的记忆。我不记得我们在做什么，也不记得我们在哪里——只记得外公在笑，我很高兴。当我搜寻我的记忆时，很少有他不笑的片段。他总是非常高兴地见到我，总是鼓励我的兴趣，永远对我参加的活动感兴趣。从在上海度过的许多暑假和寒假中，外公和我慢慢地开始意识到我们是多么的相似：我们都对阅读充满了热情和兴趣，我们都不喜欢海鲜，而且我们都喜欢吃早餐茶蛋里的蛋白。每次我回去探望外公时，外公都会带我去吃我们最爱的牛肉面，这已经成为外公和我之间的一个传统……我们会在舒适的沉默中，步行到他喜欢的面条店。他去世的那一年，这一切都戛然而止了。

当我六岁的时候，他给我写了一首诗。这首诗被装在相框中，放在我们家书架的顶部。无论我什么时候去看望外公，他总是问我在读些什么书，我最喜欢和外公一起去书店或文具店的时候。外公的书橱对我完全开放，让我随便翻阅，我小时候常常沉浸在阅读其中的童话和寓言书籍里，获得无限的乐趣。之所以文学和历史在我的生活中占据了如此重要的部分，和外公一向来的鼓励是密不可分的，即便到了今天也是如此。

我一直羡慕外公对知识的渴望和求知的热切，我也一直深深敬重外公始终把家庭放在第一位。即使外公已经走了，我从外公那里学到的宝贵的财富，将永远留在我的身边。

---

[1] 叶欣然，邓亭的小外孙女。

怀念外公

叶斐然[1]

亲爱的外公,谢谢您每一次都奖励我。您和外婆生了我妈妈,妈妈把我带到了这个世界。您看着我们长大,天天鼓励我和姐姐。您知道我喜欢画画,所以给我买了五本画画书,我最喜欢素描。

我们每次回上海时,您都会把拖鞋、食物、床等等准备好,把地铁卡给充满,让我们可以开开心心地在上海玩。您还会叫面包车来到浦东机场接送我们回家。

谢谢您跟我讲做人的故事。您和外婆对我很好,很亲。您叫我不要每天靠着妈妈是很对的。我以后一定会变得很勇敢,不会跟屁人家。您每次带我出去时,都会温暖地握住我的手。您还带我去过金沙玩。我跟您最快乐的时候就是您陪我玩的时候。您还带过我去扫太奶奶的墓。现在到我来扫您的墓。在扫墓时,我都会感到很悲伤。有一次您和外婆在庆祝钻石婚时,您激动得哭了,我第一次看到您哭,原来老人也会哭。那天我也发言了,但是忘记说了什么。

谢谢您爱我,把我照顾得很好。每个星期六您都会跟我们打电话,问我们还好吗。如果没有您就没有我的今天。我真想再抱抱您。

您是世界上最好的外公。我永远会记住您的好,您的亲!

---

[1] 叶斐然,邓亭的外孙。

关于"以大"经营范围的一点补充

邓 亭

读过《丹枫傲雪——经济学家邓克生》之后，发觉对当年"以大纸庄"情况的记述有不尽一致之处。我九岁前的少年阶段是在"以大"度过的，而今可能是仅存的"以大"见证者了。在此，我愿凭记忆对以大的"场景"实况作一些补记。

一、"以大"在长沙小西门正街距湘江码头不远的坐南面北的位置上。当时小西门正街有好几家纸店，以大是最西头的一家，其他家则在其东头靠坡子街一段了，杨荣国、刘爱容（艾林）的父辈便是那几家纸庄的店主或职员。

以大大门前是一条数米长的露天甬道（封闭的小巷），从小西门正街进来要通过这个总甬道才见大门和招牌，它的门面不是当街的。这种门面形式不像是零售商店。取名"纸庄"而不叫"纸店"，亦表明是以批发为主。零售也是有的，进门右边是柜台，柜台内是账房和沿壁一排玻璃货柜，货柜中陈列有自来水笔等文具用品，似乎是顺带兼营的。进门的左边和正厅是货物集散处，成件成捆的纸都经此进出。这儿也是职工的饭厅，正面摆有方桌和板凳，职工就在此就餐。以上说的是进大门后的第一进。

二、第二进的右（西）边是外祖父母住房，左（东）边是有口水井的天井。中间的平地是手摇裁纸机的工作场，即将进口的卷筒新闻纸（直径约一米）卷到一个木条钉的、周长为一令纸宽的圆筒上，卷到一定厚度，再用刀裁下来，成为一令一令的白报纸。这台机器常年开工，白报纸是当时出售的主要商品。

三、第三进左（东）边是我舅父母住房，窗子对着天井。中间和右（西）边有楼层，楼上为纸库，摆满了货架，货架上除了土纸（现在看应属宣纸类），更多的是进口的洋纸，包括高质量的道林纸、玻璃纸、锡箔纸。纸库临裁纸机处是进、卸货口，装有人力吊车，可把成件成捆的纸吊上或吊下来。我小时候去楼上玩耍，有时从后楼梯上去，再坐吊车下降以为乐。在纸库内，我曾从各种色彩的腊光纸货堆上剪一小角纸屑下来做万花筒用。

四、第一进的左角上，还有一间小房子，是专门用来切纸的。即将厚叠大张的重磅纸，用大板刀切成顾客需要的尺寸，如卡片、名片、学生画图纸等。这种纸显然也是进口的。我还记得当时的切纸工名叫邓福星，他每天磨那把大板刀的声音非常刺耳。

五、我见过舅舅使用过一种印有"忆荣用笺"字样的特制的信纸，纸质软而牢，呈毛玻璃式的半透明色，很适宜于书写。这应是他用取自店中的进口纸专门印制的。

六、综上所述，我以为"以大"在长沙大火前的经营范围应是以洋纸批发为主，其规模亦应与此相当。

根据20世纪初西方列强凭借《辛丑条约》迫使清朝政府"门户开放"，外国轮船可畅行至长江上游及其他内河这一历史条件，结合邓伍文调查到的"以大"前身的德国纸商背景（见《丹枫傲霜》书第106页），做出经营洋纸是"以大"主要或重要业务的判断应该是可信的。

2002年2月于上海

党的一位真正的朋友

——我所知道的许振东同志

邓 亭

许振东同志，一位抗日战争时期即参加党领导的白区经济工作的进步青年，一位在党困难时期以他的家产和经营才干帮助过党、与党密切合作的党的真诚可靠的朋友，由于当时的特殊环境及完成党的任务的需要，曾以"总经理""董事"的身份活跃于上海滩，在建国后的政治运动中却被诬为"资本家"而受到不应有的冲击。虽然在党的十一届三中全会后，有关方面已将加诸他的不实之词予以推翻，对当年他受党的委托经营的地下企业——鼎元钱庄的性质也作了明确的结论[注]，但许振东同志当年为党所做的大量有益的工作和所付出的代价，以及通过这些反映出来的他的可贵的政治品格，并没有充分地为人们所了解。

根据周恩来同志说的凡是对中国人民革命事业做过好事的人，我们都不应忘记他（大意）的精神，我作为许振东至交邓克生的晚辈，愿在此对许振东同志建国以前的革命经历作一追述。

立足上海（1914—1937）

许振东，1914年4月出生于镇江农村一清贫家庭，全家五口的生活主要靠在江轮上当工役的父亲的微薄收入，加上母亲种地及摇麻绳的手工钱来维持。许振东5岁时上了乡村私塾,于11岁单身到镇江东林学校求学。当时,镇江人出外谋生的手段以学钱庄为多。1929年,16岁的许振东继其兄许旭东来沪学钱庄之后,由父亲托人介绍至上海的鼎元钱庄学生意,这成了他人生发展道路上的重要转折点。

当年位于上海蓬路(近吴淞路)的鼎元钱庄,是一家有十几个员工的小钱庄,老板对职工极为苛刻,学徒每月只有八毛零用钱,每天干活14小时,从打扫卫生到跑腿,谁都可以随意支使他。许振东在鼎元好不容易熬到三年师满,经友人介绍先后到另外两家小钱庄当职员,直至1936年春。后期他利用业余时间到立信会计学校读会计,因而有机会听到章乃器先生几次关于时局的演讲,并参加了立信同学会的活动,从此开始留心政治。在立信,许振东认识了以后成为他终生伴侣的陈志威女士。

1936年4月,许家自凑了800元,加上向亲友集资和从社会上拉股,共筹集了6000元资金,在金陵东路租了一间门面,自行开设仁泰钱庄,许振东被股东推任经理。从此,许振东在兄长许旭东协助下,利用自己当职员时建立的业务关系,拉来不少客户。又靠自身的良好信用和热忱服务,不断扩大客源,钱庄生意兴旺。

1937年抗战爆发前夕,有一批在苏联海参崴金矿工作的山东籍矿工被遣散回国,随身带回一些沙金和外币(美元、卢布),途经上海,落脚在金陵路客栈,他们都来仁泰钱庄兑换现金,给仁泰带来了一笔好生意,同时也使许振东结识了他们当中在海参崴工人学校作教师的王西屏。许在镇江读书时曾见过军阀屠杀共产党,被杀害的共产党人都是些青年学生,临刑时犹高呼口号,并非如当局宣传的"杀人放火的土匪"。而从王西屏处第一次听到了关于苏联社会主义社会的情况后,心目中对共产党更增好感,从此与王结成了知心朋友。1937年"八一三",日本侵略军大举进攻上海,宝山、闸北军民奋起抗击，当时四川南路、金陵东路口的天主堂接收了部分伤兵，许振东出于爱国热情，也积极参加了接待服务。

寻求革命（1938—1941）

1938年王西屏去长沙《新华日报》社工作，临走前许向他表示了想参加抗日工作或去延安的愿望，王至长沙后即来信召许去，但许的父母和兄弟均阻止他。许思忖再三，感到国难当头匹夫有责，不能留在上海当亡国奴，便瞒着父母，让当时已在上海从事钱庄的弟弟许培东来仁泰接任经理，于1938年10月离开上海取道浙赣线赴长沙，途中得知"长沙大火"及王已撤往桂林的消息，便改道去桂林。当时正是国共合作抗日伊始，武汉失守后众多知识青年与进步文化人士麇集桂林。许到桂林后，一时未找到王西屏，去延安亦不易，正彷徨无计时，忽见报载范长江、夏衍等知名人士举办的"战时新闻讲习班"招生的消息，便去报名，且被录取。在讲习班的学习中，许振东聆听了陈农非（同生）、胡愈之、范长江、千家驹、陆诒等人的讲课，懂得了中共抗日统一战线的主张，树立了参加抗日的决心与信心。讲习班同学中有位广西大学学生曾昭辔（地下党员），许和他特别谈得来。讲习班结业后，许当了一个多月的实习记者，后经曾的介绍，也来到广西大学读书，从此，两人关系更密切了。这段时间，曾对许进行了马列主义的启蒙教育，同时介绍了邓克生、李仲融、杨荣国三位共产党员与许相识。

1939年深秋的一个下午，曾昭辔去延安前来与许话别，两人促膝长谈到抵足而眠，次晨依依惜别。孰料许同自己的革命引路人的这次分别竟成永诀。曾昭辔解放后曾任新华通讯社国际部长，抗美援朝时病逝于朝鲜战场。

王西屏终于在1939年初被许振东找到了，此时他在迁来桂林的《新华日报》负责印刷事宜，许便协助王做些报纸的运输、发行工作。王将许介绍给《新华日报》社经理张尔华（敏思）夫妇，张邀许合作开办了"桂林""东江"两家书店。这实际上是党的外围书店，是由于"生活""新知""读书"三家党主办的书店已遭到国民党特务的严密监视并威胁到读者的安全而采取的应变措施。书店除传播进步书刊外，还大批翻印了《论持久战》《实践论》《矛盾论》等小册子及《新华日报》的文章，通过李克农同志（时任八路军驻桂办事处主任）运往抗日前线，赠送前方将士阅读。当时邓克生除给许提供翻印文件的稿源外，还帮助书店推销从上海运去的油墨以弥补因无偿翻印文件而出现的亏损。

1940年下半年开始，广西形势恶化，当局大肆拘捕共产党员和进步人士，许振东开的两个书店被迫关门，去延安之路亦遭封锁，许只得于年底回到上海，与弟许培东携手整顿濒临倒闭的仁泰钱庄，又与人合资创办了华盛银公司。1941年初，许在桂林结识的邓克生、邓评、李仲融、徐雪寒、陈秀椽、樊康等人相继来到上海，常在仁泰或华盛银公司碰头与联系，许通过他们，又继续投入了抗日工作。当时，由于国民党特务捣乱，徐雪寒领导的新知书店出版的进步书刊无印刷厂敢承印，在徐领导下，许投资并出面领取开业执照办了一家印刷厂，为新知书店等进步出版机构印书。同一时期，许还与樊康、邓克生、郑振铎等创办了《万人小说月刊》，投资《上海周报》，从事抗日宣传工作。1941年底，日军入侵上海租界，华盛银公司歇业，印刷厂及刊物停办。邓克生姐弟及徐雪寒等同志先后去了苏北解放区。

为党建功（1942—1949）

邓克生、李仲融1941年底离沪前，许振东提出和他们一同去解放区的想法，并表达了参加党组织的愿望。邓李研究后认为，许应该利用其有广泛社会关系这一有利条件留在党外，在上海为党工作比去解放区更能发挥作用，同时表示他们到苏北后与许保持联系。自此，许振东与党建立了稳定的联络关系，并接受与忠实执行了党委托的各项任务，成了一名党外的地下工作者。

1942 年 1 月，许与上海职业妇女俱乐部（茅丽瑛领导的进步组织）会员陈志威结婚。

为了向苏北解放区提供亟需的物资，许振东于 1943 年联络了一些贸易商与药厂，并用高价买通了汪伪的军舰和测量艇，利用这些舰艇从瓜州运米来上海放空回去时，偷运西药、棉布、新闻纸等物资至解放区。为此，许家还特地在瓜州开设了"久大"纱布五洋店，并聘请了当地知名人士高正祥出任经理，以掩护和组织这些物资的中转。有一次，货物运抵瓜州，晚上，船员先将押船的一名日军顾问灌醉，然后放下驳船卸货，不料被起床小便的鬼子顾问发现了，叫嚷天明后要将他们押送镇江宪兵队。幸亏鬼子人单力薄，酒意也没全醒，被糊弄重新睡下后，包括许振东的哥哥和堂弟许介眉在内的六名船上人员才随驳船逃脱，幸免了一场人身灾难，但这船货物便全部损失了。这条运输线并没有因这次事故而中断，一直继续到抗战胜利。

1945 年秋，抗战刚刚胜利，邓克生（时任华中银行高邮二分行行长）派人来带许振东至苏北解放区，与苏中地区财经系统的领导同志会晤，具体研究了日本投降后新形势下的工作问题。决定由以徐雪寒为首的几名共产党员来上海，在许振东的参与下，组建建华贸易公司，同解放区进行贸易与运输。翌年初，建华贸易公司扩建为联丰花纱布公司，许振东任常务董事。

1946 年春节期间，邓克生介绍陈国栋及徐雪寒同志秘密来到上海，下榻于许振东家约一个半月。他们向许传达了拟在解放区与上海之间建立一条"通汇线"以及在上海为党组建一批工商企业两项任务。

所谓"通汇线",即通过解放区银行与国统区银行间互相通汇以获取解放区亟需的国统区货币(法币),同时也搞些区间贸易。根据陈、徐的指示,许振东随即亲赴高邮与邓克生商量有关建线事宜,决定双方在高邮合办益大钱庄,在扬州合办仁泰分庄,加上镇江的中大钱庄及拟在上海筹建的鼎元钱庄,与解放区华中银行(淮阴)连成一条通汇线。这条通汇线运转了半年多时间,由于国民党军队向解放区发动全面进攻而于 1946 年 10 月份结束。在高邮合办的益大钱庄因战祸而遭受重大损失,仅余委托镇江联行代收的部分国统区汇票,许振东当即将这些汇票折换成黄金保存下来,上海解放后如数交给了当时由邓克生任行长的人民银行苏北分行,按理作为益大私方股东的许振东可以分得这批黄金的 50%,但他分文未取,主动放弃了。不料,这件廉洁奉公的好事,后来在"三反、五反"运动中,却成了许振东与邓克生间"行贿受贿"的"罪状"。

这条通汇线,当时也起到了往来解放区的交通线的作用。曾任上海市副市长的刘季平夫妇,及邓亭、臧亦夫等人,当时均经这条线伪装去苏北解放区;艾寒松、恽逸群、楼适夷三位文化人亦曾经这条线从苏北来上海。有次从解放区有三位同志路过镇江,住进中大钱庄,刚巧碰上查户口,忙藏身院内,终算有惊无险躲过一难。

关于党在上海办地下企业事,缘于 1945 年国共签订《双十协定》后,曾出现一线和平的曙光,党中央考虑在大城市开办一批企业机构,作为联系工商界民主爱国人士的窗口。后来虽然国民党撕毁了协定,发动内战,但创办这些企业对于支援自卫战争仍属必要。为此,华中局财委于 1946 年上半年派遣徐雪寒到上海部署并领导是项工作,许振东便成了徐的得力助手。至 1946 年下半年,共筹建了包括前已提及的联丰花纱布公司及合众进出口营业公司、建华贸易行、懋兴土特产出口行、同庆钱庄、鼎元钱庄等六家企业，许振东在这些企业中均有投资，并担任董事或常务董事。其中鼎元钱庄从筹办到开业更是委托许振东主要负责，早在1946年上半年即在仁泰钱庄内成立了筹备处。

当时在上海开办钱庄，首要一关是申请营业执照。由于新开业的执照不易取得，许振东便借用了他做过学徒、已关闭多年的鼎元钱庄的牌子，花50多两黄金买到一张执照，取得了合法营业身份。党投资鼎元的资金约合黄金400两，比股金总额50％多一点；许家投资占40％，由许振东弟弟许培东出面；其余在社会招股，山东绥靖司令王耀武的太太和连襟都是股东之一。董事中有数名中共党员和党外知名人士。董事长一职，特邀早年参加过同盟会、曾在蒋介石家中做过家庭教师的张席卿老先生挂名。许振东出任常务董事兼总经理，许培东任监事会会长。

1947年3月初，鼎元钱庄在四川路上正式开业。由于经营得法，很快就打开了局面，业务发展迅速，客户与日俱增，门面也扩大到五间。1948年，随着国民党在内战战场上形势的逆转，上海白色恐怖日烈，为了避免风险，鼎元董事会适时进行了改组，股东中的地下党员一一撤出，另拉了国民党中央委员、中央合作金库的常务董事骆美奂来当董事长，请上海市银行副总经理朱慎微出任董事。这样，既给鼎元增添了保护色，同时也利于从中央金库和上海市银行挖到头寸，使官僚资本为我所用。

在当时复杂、险恶的环境下，鼎元为了求得生存、发展业务，一方面不得不与大亨、高级军官与阔太太们周旋应酬，另一方面还得应付警察特务不时的盘查、勒索，以及黑势力和内部不良分子的敲榨。1948年国民党政府发行金元券后，金融环境更趋恶劣，鼎元除金融业务外，根据党的指示，还兼营黄金、外汇和股票的买卖。在以许振东为首的全体员工的努力和灵活经营下，短短一年多，鼎元便创下了可观的业绩，先后两次向党组织上缴了 900 两黄金。此外，还从资金方面支援了党兴办的其他企业，如 1948 年底党在香港创办的宝生银行，鼎元就注入了 20% 的股本；夏衍、张尔华在香港成立大光明电影公司，鼎元亦投资了 260 两黄金。到 1948 年底，党投入鼎元的本金已全部收回，鼎元又将盈余的 100 两黄金上缴，用来采购东北解放军急需的大批胶鞋与搪瓷碗，通过专门为此开设的懋兴出口商行，将这批物资经香港安全运到了东北解放区，直接支援了解放战争。1949 年 5 月，上海解放，鼎元钱庄随着她所担负的光荣历史使命的胜利结束而结束。

仗义疏财（结语）

许振东同志建国前的革命活动，除上述忠实、积极地执行了党交与的各项任务，如抗战时期在桂林开办书店，回上海办印刷厂，给苏北解放区运送物资；解放战争时期筹建建华贸易公司，建立通汇线，创办鼎元钱庄等工作，为民族解放事业贡献了自己的青春和才智之外，还有一个重要的方面，就是他将私人资产无偿献给党的事业的义举，而这也许是更能反映他政治品格的一面。

许振东在执行以上各项经济工作任务时，几乎都要自己拿出所需资金的全部或部分，而在当时极不稳定的环境下，投入的资金不少是有去无回的。即使有时能够保本或有所收益，他也是自动放弃、悉数交公。如鼎元钱庄 1948 年上缴黄金九百两，其中即含有许家应得的 40% 的份额，但他分文未取（以致被有的亲属一度误会为私吞家产）；1946 年"通汇线"剩余款的处理也是如此。有时在执行任务中遭遇风险损失，如 1943 年在瓜州损失的一船货，许振东都是无怨无悔地独自承担。

总之，只要党有需要，他总是竭尽全力凑集资金，哪怕有时要动用自家仁泰钱庄的老本亦义无反顾。难得的是他的兄弟和妻子都能理解和支持他这样做，有时善意地取笑他一句："共产党就是你的亲老子！"许振东前后为党的事业究竟付出了多少财产，已无从计算，他本人对此则处之淡然，认为这不过是尽自己所能做了应该做的事。1945年他应召去苏北解放区，目睹新四军武器装备的简陋和生活条件的艰苦，甚至提出要将全部家产捐献出来，自然被婉言谢绝，但亦足以表明他"毁家纾难"的革命襟怀。

和许振东长期共事过的徐雪寒同志（建国后曾任国务院外贸部副部长）1982年在一份材料上亲笔为许振东写了如下一段评语："党在和许振东长期交往中，确认他政治进步，积极支持党的革命事业，经济上廉洁清正，分文不入私囊，而又精通金融业务，善于经营管理，所以委之以重任，他也慷慨接受任务，身家性命在所不惜。"这"身家性命在所不惜"八个字，可说是对许振东同志政治品格最精辟、最中肯也是最崇高的评价。

许振东急公好义的风貌，还表现在他慷慨接济革命同志方面，如邓克生、李仲融等人1942年在沪时的生活费用全由他提供，连李的婚事亦由他出钱操办；定期给夏衍留沪家属送去生活费，给在香港的翦伯赞、内地的张天翼按时汇去生活费及子女教育费；听路过上海的刘季平说他的夫人因缺路费尚滞留桂林时，便马上汇去路费，使他们夫妇得以从上海一起去苏北……他的妻子陈志威说："老许每次去老区（解放区），都是光着手回来，自己的行李和穿戴都留给老区的朋友了。"许振东就是这样一个人，只要他知道同志有困难或革命有需要，即会毫不犹豫地慷慨解囊，不求回报。

建国以后，许振东同志继续在银行系统工作。1951年参加中国民主建国会，任市民建委员。自1961年起，被选为三、四、五、七、八届市人大代表。1984年离休。

从许振东同志建国前的革命经历，我们又一次体认到党的统一战线的"法宝"作用,当年团结在党的周围像许振东这样的无名战士,何止万千,他们的岗位虽不在战场,他们的武器虽不是枪炮,但他们也经受严峻的考验,他们所起的作用是不可替代的,他们对人民革命事业做出的贡献是不应被忘记的。毛泽东同志曾说:"我们的革命要有不领错路和一定成功的把握,不可不注意团结我们的真正的朋友,以攻击我们的真正的敌人。"(《中国社会各阶级的分析》)称许振东同志为中国共产党的一位"真正的朋友",应是当之无愧的。至于许振东身上所体现的无私奉献、急公好义的精神,对于已进入市场经济时代的今天,更因其难能可贵而具有肯定的现实意义。

2000 年 3 月定稿

一次难忘的盛会

邓 亭

我 1946 年在山东参加新四军后，一直在军委技术部（后为总参三部）的华东单位（当时叫调研室，后为南京三局）从事技侦工作。这个工作对于我党领导的历次革命战争发挥了特殊的重要作用，立下了显赫功勋，被党中央誉为"党的耳目"、"走夜路的灯笼"。无论是战争时期还是和平时期。都受到各级领导的高度重视和亲切关怀。同时，由于它的保密性，对这个工作又有"不能登报"、甘当无名英雄的要求。

1962 年新年伊始，奉总参三部的命令，我作为南京三局的代表之一，晋京参加一次重要活动。到底是什么活动，当时局里也不清楚，只交待不要打听，去后自会明白。我们收拾了简单的行装，带着几分神秘感，连夜乘火车赶往北京。接待我们的是三部业务指导处的同志。住下后便让我们休息，但不许外出，先学习一些时事报告材料，随时待命。

这样等了两天。元月五日上午，三部政治部来人通知我们，准备出席当晚中央领导同志为首都科学技术工作者举办的宴会。我们喜出望外，急忙着手准备。除理发、剃须、擦皮鞋外，麻烦的是着装问题。我们是着棉军装来京的，而规定军人一律穿便服，亏得部里同志为我们张罗，每人都借到了全套合身的冬便服。傍晚，在王永浚副部长率领下，我们和部本部的几位老研究员一起乘车直驶人民大会堂。在辉煌灯火照耀下，沿着红地毯，鱼贯步入宴会厅。只见宏大的厅堂内摆满了铺着白台布的圆餐桌，人们陆续来到，围桌而坐，每人位前有一份印刷精美的请帖，每桌有两份印好的菜单。我们这桌除三部同志外，作陪的是二部部长刘少文同志。大家谈笑风生，温暖如春。

不一会，陈毅、聂荣臻、陆定一等中央领导同志出现在主席台前，全场起立鼓掌。陈毅同志当即发表了热情的讲话，他代表党中央和国务院，向各个岗位上的全体科学技术工作者表示谢意和敬意，他说"党和人民对于科学技术工作者的劳动，一向给予很高的评价，对于科学技术工作者的进步，一向寄予殷切的期望"。他指出"在建设社会主义强国的过程中，科学技术工作者承担着光荣而艰巨的任务。和我们的宏伟目标比起来，我国的科学技术还是落后的"。他要求"依靠我们自己的刻苦努力，向科学技术堡垒进攻，把我们在社会主义建设中的科学技术难关一个一个地攻下来"。他勉励我们"专心致志，踏踏实实，不浮夸，不图侥幸，准备付出毕生的精力来攀登科学技术的高峰"。陈毅同志原是三野首长，熟悉的激昂有力的四川口音，此时听了感到特别亲切和激动。

随即开席。共上来八大盘菜肴，其中一盘堆得高高的大块红烧肉，是当时难见而最解馋的佳肴。大家饱啖了一顿，每盆菜都吃得光光的。

宴会进行当中，忽听得前边一片掌声，原来敬爱的周总理也从百忙中抽身来了。虽然我们离得较远，看不真切，但从扩音器中清晰地听到了他亲切的声音。总理号召科学技术工作者，为了祖国的富强，为了世界人民革命斗争的胜利，为了世界和平，树立雄心壮志，埋头苦干，发愤图强，自力更生，奋勇前进，在1962年取得新的更大的胜利。总理致词后，全场四千多科技工作者起立，长时间热烈地鼓掌，感谢党和国家的关怀，表示坚决响应总理的号召。

宴会后，中央领导同志和大家一起观看了首都文艺工作者表演的精彩歌舞音乐节目。我们在兴奋的心情下回到住所已近午夜，周总理、陈副总理讲话的声音和会场的盛况一直在脑中萦回不散，久久难以入睡……

有幸忝列这次盛会，对于个人固然值得永远记念，同时更明白我们不过是作为全体技术干部的代表来领受这份荣誉与使命。当时，国家正处于经济困难，苏联停止援助、撤走专家的关键时刻，党和国家专门为科技工作者举办这次活动,其目的和意义是心中有数的。此外，会议对我一个深刻的教育和启示是，党中央将三部技术侦察工作正式列入了国家科学技术工作的范围，这就明确了我部的业务特性，要求我们按照科学技术自身的发展规律，"树雄心，立壮志，埋头苦干，发愤图强，专心致志，踏踏实实，不浮夸，不图侥幸，攀登科学技术高峰"

随后的两年，我们按此方针，学习与贯彻《科技十四条》，紧抓技术业务建设，上下同心，劲头十足。可是自1964年底开始，搞什么"突出政治"，全盘否定《科技十四条》，批判"技术业务为中心"的思想和"单纯技术观点"，直至"文化大革命"而益发不可收拾，国家和人民遭了浩劫，三部事业和单位也遭了浩劫。周总理、陈副总理都在动乱中抱憾去世。

十一届三中全会以来，拨乱反正，科学和知识重新获得了尊重，科学技术被尊为第一生产力，国家有关国防科技的政策和制度亦适用于三部系统,三部的工作成果也排上了国家科学技术奖励的名单。正是在这种形势推动下，我们单位也焕发了新春，不断传出工作捷报。现在我虽然离职休养了，仍为自己前半生献给了党的技侦事业而自豪，也为国家科学技术事业的壮大发展和三部工作的新进步而无比欣慰。

2009年9月写于上海警备区第五干休所

我的一段"学工"插曲

——兼怀李伏仇同志

邓 亭

我于1973年7月,从二师八团参谋长岗位上,奉调至清江化纤厂任副厂长。当时,基建已基本结束,大部分设备已安装到位,刚进入试生产、试运转阶段。报到后,李伏仇同志交待我和徐静平同志共同负责全厂的生产管理,徐负责设备、供销和财务,我负责从前纺到后纺的生产运转。

我对化纤生产可说是一张白纸,一无所知。参军后一直在军事机关从事技术侦察工作,到厂后,面对这个陌生的现代化企业,我只有从头学起、边干边学一条路。

那时,有这样一些因素促使我在困难面前,采取积极的态度:其一,长期的技侦工作经历,养成了我知难而进的自信。别人可以学会的东西,我也一定可以学会。其二,连年不断的政治运动,已使我感到厌倦和伤心,我很想趁着年富力强的时候干点实事,而化纤厂这份工作正是看得见、抓得着的"实事"和"实业",它可以发挥我的作用,我愿意干。其三,眼前的兵团战友,战天斗地、艰苦奋斗的精神,一次又一次地深深感染和激励着我。因此,我决定全身心投入这项新的事业,甚至曾暗自打算,把化纤事业作为我后半辈子的终身职业。

于是,我抓紧进入情况。在资料室找了一些业务书籍和资料,如《有机化学》《锦纶生产》等，用看图识字的办法，到各个车间、工段，对照实物，弄清各种设备、部件、物件的名称、功能、特性和技术参数……用小本子随看随记。那时，随处都是我的老师，技术员在就请教技术员，技术员不在就问当班工人，老老实实做到不耻下问，点点滴滴地积累业务知识。

了解了整个生产流程后，我感觉前纺是全厂生产技术的重点与关键，它不但是流水线的源头，直接影响各道生产工序的质量，而且其技术内涵综合了化工、机械、电气、通风、仪表等诸多技种。纺丝质量的好坏，因素很多，常常不是一个孤立因素造成的，只有透过生产现象，弄清因果关系，才能看到质量问题的所在。因此，我把学习的重点放在前纺，在那儿下的功夫最多。每次夜巡的时候，首先检查前纺。

在学习过程中，我接触最多、对我帮助最大的是厂部及车间的技术员们，至今我尚能记得他们的音容笑貌。如生产科的任克善、周厚光、黎志光，他们每晚要汇总各生产车间的统计报表，据此制定第二天的工艺单。前纺技术员苏南俊更是我经常求教的老师，后纺的刘静英、张昌华也是我在车间讨教最多的。还有电气的单宗清、通风的华力行、外号唐八级的老师傅都是召之即来的解决问题的能手。试化的周叙荣、方玉琴也是我常与之打交道的。后期来了一位清华大学的张平，更增强了电器工程方面的实力。应该说，当时清江厂的技术干部队伍是很像样的，他们守护着生产运转的各个技术"穴位"，说他们是建厂和生产的"顶梁柱"，毫不为过。清江的实践印证了"科学技术是第一生产力"的真理。遗憾的是，清江厂从1971年开工到1975年兵团撤销四年多期间，在发展大批知青入党的同时，竟没有在技术干部中发展一名党员。

经过到车间初步熟悉之后，厂里安排我到上海化纤九厂和苏州丝绸厂取经。那时九厂的前纺与苏丝的后纺都是饶有经验的成熟项目,但他们所用的设备比起清江厂的新设备已相对落后,因此,那次学习的内容主要是生产管理及班组建设的经验。与我同行的是前纺车间主任老董。

1973年底清江合成纤维厂正式挂牌成立,举行了隆重的建厂庆典。随着正式投产,生产步上正轨,开始产生盈利,呈现一片欣欣向荣的景象。

1974年后,由于国际石油危机影响,清江厂所依赖的进口原料聚内酰胺供应紧张,生产难以为继,我的主要精力放到了上北京轻工部及南京纺工厅跑原料上。好不容易从山西、青岛等地弄到点库存原料来,但只是杯水车薪,无济于事。后来只得逐步减产停车,把工人组织到清江棉纺厂去支援。我还为缺电的事奔忙过。与全国的形势一样,那时抓生产困难重重,到处碰壁。

艰难地维持到1974年。1974年7月形势突变,军委下达了关于撤销除新疆兵团以外的所有建设兵团,军队干部一律回原单位的通知。军令不可违,老本行在呼唤我,我不得不中断清江厂的"学工"进程,阖家于9月返回部队。

回想我在清江厂的两年,犹如匆匆过客,业务上刚刚跨进门槛,没有做出什么成绩,愧对清江厂对我的信任。但对我个人来讲,这短暂的两年是我不平凡的、超平均值的两年,可称是我整个军旅生涯中一段异样的插曲。在清江厂,我见识了新世面,学习了新知识,结识了新朋友,经受了新的锻炼,这二年,我——也包括我全家,过得充实、温暖、舒畅而幸福。虽然我一度萌生的"化工梦"未得继续,可以告慰的是我的儿子邓元,他从清江厂一名试化工出发,读南京化工学院学士,到仪征化纤公司任工程师,到北京化纤学院读硕士,到英国攻读化学博士,2000年以来,他在加拿大一家公司负责高分子材料研发,受到老板的赏识和器重。现在他也年近退休,可说是终其一生坚守在高分子化工第一线,他以自身的执着和实干,传承着我的梦想。

末了，我不能不谈一下李伏仇同志。我和他是在清江厂才认识的。

我对他的第一印象是，他是一位长者型的领导。他待人和蔼，为人坦诚，克己奉公，关心群众，在厂内享有崇高威望。工作上他对我高度放手，对于厂内以至国内形势的许多问题我们都很谈得来，加之我俩原来都在军区机关工作，认识不少共同的战友，也就一见如故。他年岁比我们大，患有较严重的心脏病，而李政委长期生病病休，那段时间他实际上是厂长、政委一肩挑，工作担子很重。当他受到一些无端责难时，他心力交瘁，后期数次发病。

兵团解散后，他离休在南京，我去了福州，大凡我去南京时，必定要到大同新村去看望他。他离休后过了几年闲散的日子。我的儿子邓元与他们家小虎是中学同班同学，好朋友，后来都是清江厂工人。以后虽各奔前程，小元仍经常得到小虎的关照，他们至今一直保持着联系，我们两家成了两代世交。这也是我在清江厂获得的可贵收获之一。

邓亭与战友通信摘录

—— 离休后关于文史修养散谈

（一）2012 年 8 月 15 日致黄光远信

光远同志：看了你写的《此生写照》……学习运用古诗词这一文学形式，来抒发自己的胸怀和情感，这是值得祝贺的。

我们这把年纪的人，闲暇时写几句韵文，主要是为了自娱、自遣、自乐，是写给自己（顶多包括自己的亲人、后代）看的，因此，不必太拘泥于格律、平仄，只要自己认可就行。当然，如有兴趣，愿意严格按照诗词格律来写，也会体会到其中的魅力，即思想内容与艺术形式高度统一之美，亦即思维创作之美，而这是要一定的基础积累的。你可以从多阅读传统作品（唐诗宋词）入手，并系统地学点诗词格律知识，逐步深入，自会有成。

我于此道也只是个业余爱好者，我退休前写的一些东西，大多是不合格律的顺口溜，退休后才自修了点有关知识，也是皮毛，写的才比较规范些。以上所言，即反映了我的经验体会。实话实说，仅供参考。

附：黄光远《此生写照》原文：

原本湘牙子　年少把兵当
奈何先天拙　红路又徬徨
恰逢科举试　竟入高知行

虽有小聪明　却少大眼光
　　战友老相聚　闲来话沧桑
黄原注"奈何"句：我的政治条件本不适合做机要工作。

（二）2013年2月21日致邢会洪

邢会洪同志：
　　蛇年春讯正疑迟，喜获东风第一枝，
　　有谢邢君贻厚礼，知音战友好聊诗。

以上可算开场白。我春节过后从女儿家回来打开电脑，看到了你发来的诗辑，很是欣赏。初览了一遍，觉得你在这方面是倾注了心力，下了不少功夫，因而获得了可喜成果的。

其中如五绝的《岳阳楼》《答杜公千年问》均是有内蕴的精干小令；七律的《最忆当年草上飞》颇有意境，《无名英杰最堪思》能引发战友们的共鸣，《香港回归十年》《国共两党和谈》也写得很流畅……未及细读，只是初步印象。

来而不往非礼也，随信将我的《岁寒余韵》（选）发你。这是拙作《敝帚诗篓》的续篇，都是2007年以后随性写的，时在人生的冬季，故曰"岁寒"。我自认为这些东西顶多算作打油诗，即用平实的语言，借旧体诗词的形式，抒发我的真情实感，以达到自遣、自励、自娱的目的。是上不了大雅之堂的，仅供诗友间交流。较之你的作品，我自知多了感时忧世的成分，到了这把年纪，经历的事多了，未免有些老气横秋，希能谅解。欢迎你从内容到形式多提宝贵意见。你在电话中曾提到我《敝帚诗篓》有不明之处，亦请赐告。

末了，恕我直言一句，你已深识诗味，且乐在其中，何必还在意那些世俗的虚名呢。

（三）2013 年 3 月 12 日致时冲

时冲师长：您的《晋九感恩》，启发我既活到这把年纪了，也应该懂得感恩。想了一想，内容不外乎您列的这几方面，但我觉得何必冠以那个带封建色彩的牌位呢。特别是其中那个"君"字，易使人联想到个人崇拜、愚忠误国的历史教训。虽然您指明了是"真正的共产党（我非常赞同这个'真正的'冠语）"，但党与党员的关系亦不应是旧时的君臣关系。所以我以为您立这个牌位，反而将自己的思想（也可以说将诗的品味）框住了，不如直抒胸臆为好。

周有光老先生，也是我尊敬的偶像之一，我特别赞赏他人老心不老，具世界眼光，思想非常超前。您第二首似乎没有将此特点突出，见仁见智之别吧。

我这是口无遮拦，想到就说，供您参考了。

（四）2013 年 9 月 29 日致时冲

时冲师长：您的中里山歌（廿一～廿五）收到已近月……这批《山歌》我尚未及细读，总的感觉是视野开阔，笔意纵横，月旦人物、品藻古今，凡家国大事、道德文章皆可入诗，反映了作者胸襟的开朗明快，高寿之兆也。但如严格按格律诗要求，则未免有欠合辙之处。然此乃内容与形式的关系，我辈为诗实为自娱自遣，大可不必拘泥于形式也。

（五）2014 年 8 月 31 日致黄光远

光远同志：很抱歉，不知怎的使你误认为我是喜欢新诗的，事实是，由于所受教育的影响，我自小欣赏唐诗宋词，有时便学着哼几句，长大后，成为一种业余爱好，限于文化功底太浅，至今也只能涂写一些打油诗，作为自娱。旧体诗词（包括唐诗宋词的统称）由于有一定的格律要求不易推广，（毛认为"束缚思想，又不易学"），但因为她具有一种独特的艺术魅力，仍不乏喜爱者，毛、陈毅、鲁迅、聂绀弩等都是这方面的高手，周啸天也可算"新秀"吧。至于新诗（亦称白话诗），我可能存着偏见，从来没有太大兴趣，也不会欣赏，你交给我的评诗任务恕我不能完成。当然，对于你的好心与关爱，还是应该铭记与感激的。

（六）2015年1月20日致黄光远

光远同志：你寄给我的论文提纲，近日才抽空拜读一遍，涉及的学术内容我不太懂，提不出意见，只就共产主义理想的问题，谈谈我现在的认识。我认为人类发展的方向必然趋向更高级、更美好的未来，即人们憧憬的自由、平等、博爱；公平、富裕、幸福……的大同社会，她的名字可以叫共产主义或别的什么，也就是普世价值所概括的那个境界。但是，达到这个目标，将是一个漫长、曲折而复杂的过程，（甚至不排除其间会受到外星生物的干扰），其时距可能要以千年计。究竟以何种途径、何种方式实现，凭人类现时的认识条件与认识能力是难以预测的。所以，我觉得这不是一个理论问题，而是一个实践问题。人类社会面临要解决的问题铺天盖地，何必为这个遥不可及的远景去瞎操心哩，因此我倾向于"少谈些主义，多研究问题"。这可能属于世俗的现实主义吧，我的认识也就这样了。如对你的赤子之心有所冒犯，则请你谅解了。

（七）2015年12月7日致晓光

晓光同志：谢谢你赠我的画册，初步拜读了一遍，无异一次意外的艺术享受。我这方面是外行，只觉得好，觉得美，如第 72 页的行草就很耐看，好在哪里说不出所以然。这是你一生心血的艺术结晶，我热烈祝贺，衷心敬佩，必予珍藏。第 85 页左幅中的"书"应为"竖"之误，当无妨大体。望好好保重身体，继续创作佳品。后会有期。附小诗一首，聊表心意：

《读〈晓光书画〉惊艳》

家学渊源幼入门，晚年焕发器天成。

毕生心血钟挥翰，三百华篇硕果盈。

书画朱章工造诣，丹青彩墨蕴真功。

沪宁咫尺何疏远，愚邓今朝始识君。

送老友远行三章

邢会洪 [1]

（一）联挽邓亭吟长

一

庋架犹存司马集 [2]

和弦已断伯牙琴

二

吟苑和唱 鸿雁随时传教诲

驾鹤遽归 天涯何处觅知音

顷悉邓亭吟长世逝，曷胜悲祷。望邓夫人暨亲人，节哀顺变，移孝作忠，善自珍重。

邢会洪、任草芳叩挽于武林
2017年3月2日

---

[1] 邢会洪，邓亭的老战友，晚年相互切磋诗联，敬称邓亭为"吟长"。收入本书的三篇悼念性诗文，编者另加了题目。——编者

[2] 邓吟长生前著有《敝帚集》，并赠我一册。——邢注

（二）试谈邓亭自挽联的艺术价值

三部战士 践行术有专攻 探赜索隐 天书得识

一介书生 笃信学无止境 皓首穷经 真理予求[1]

这是邓亭吟长的自挽联，该联的艺术价值体现在以下几个方面：

一，纳古涵今 短短36个字对联，运用了七个典古：依序为韩愈师说；周易·系辞上；简易道德经；王勃滕王阁序；刘开问说；元史张特立传和旧五代史卷；先秦左丘明的左传僖公七年等。

二，简朴古雅 探赜索隐中的赜，是指深一奥精微的规律或道理；隐是指秘密的内容或事情。

天书是指太昊伏羲时的河图和洛书，泛指人们看不懂的文字或符号。用这两个典故来比喻自己从事研究的对象和目标，是一个简古而恰当的意象。

三，功成弗居 邓曾执掌之科，勇攀高峰，荣获中枢授帜表彰，可谓功勋卓著，是名副其实之无名英雄。可他在联中却称自己为老卒和一介书生。老子云：功成而弗居。夫唯弗居，是以不去。也诚如菜根谭语云：惟大英雄能本色，是真名士自风流。

四，唯物辩证 生与死是对立统一。自挽联是对唯物辩证法的尊重。是对死亡的从容：数生平事，放怀一笑，吾其归乎？

---

[1] 此联邓亭自撰于2010年4月上旬，时年满八十岁，留于电脑上的原文：
清明过来，忽然萌生用挽联的形式概括自己一生的念头。最了解本人的是自己，本人的挽联自己写，岂不既合身又中意！爱试笔如下：
三部战士 践行术有专攻 探赜索隐 天书得识
一介书生 笃信学无止境 皓首穷经 真理予求
按：上联言做事，下联言做人；上联记前半生，下联记后半生。上下两端实乃余今生最堪记忆与告慰者也！

五，合乎联律 联律通则公布的日期是2010年8月22日，而邓吟长寄给我《敝帚集》和自挽联却在此前。我们用联律通则中的字句对等、词性一致、结构对应、节律对拍、平仄对立、语意相关六要素对照，邓的自挽联是合乎通则要求的。如按声律节奏来断句，联中部字出韵，为不因韵害意是允许的。如按语意结构断句，则平仄全符，合乎语流一致的要求。

可见邓吟长精于联律，此联可谓上品。

2017年3月5日于杭州

（三）清明忆邓亭吟长

——依韵和战友平韵格《满江红》[1]

血铸诗魂，历五秩、诗集始成。
歌赤子、丹心素裹，冷月无痕。
大海捞针堪入史，九天揽月不留名。
献青春，为一统江山，重振兴。

卸战服，离柳营。转阵地，续长征。
探索无止境，皓首穷经。
乐处清贫酬信仰，甘居寂寞写人生。
重家风，育得子孙贤，承志行。

2018年清明定稿

---

[1] 所依原韵之篇未能查见。

拼命抗争的上学路

——追忆邓门学子的辛酸

邓 元

今年（2018）是我们"七八"级入学40周年纪念。在南京的同学盛情襄助，金秋时节在郊区订了度假山庄，招呼大家从天南地北汇聚一堂。清泉草庐，斜阳煮酒，追忆往昔，好好地纪念了一番当年千军万马拼杀的胜出。回到家里，许多同学趁着余兴，翻箱倒柜，将自己40年前入学时的照片晒在群里。看着当年青葱幸福的样子，自然又是一番感慨和自豪。

我，没能去参加聚会。看了照片之后，不禁想起40年前，我也有过同类的留影，却不是那种以校门为背景的，洋溢着欢乐的照片。而是一张以工厂的铁门为前景，手抠着铁网，人作囚徒状的愤懑的照片。

这张照片，一下子就把时间拉回40年，拉到了我曾经拼命抗争的年月。

上大学前的复习迎考，从1977年的秋天开始。那时的我经过两年多兵团4师22团"警卫连战士"的锻炼，已是清江化纤厂"试化车间"的办事员。全车间一百多员工，从考勤表到工资表，从黑板报到主任的年终总结，从分发苹果到分发电影票，事无巨细都在"办事员"一人肩上。有时，个别工段人手不足，还要去顶班。车间里从化验到成品物检，大部分岗位我都能干下来。所以白天几乎没有任何时间可以看书，复习，只能抓住晚上。下班之后才能静下心来，看看以前的"课本"。说实话，我们的高中几乎是没有课本的。物理被"三机一泵"代替了，化学则改成了赤脚医生的"针灸"课，数学也是只教些结合生产实践的非常简单的东西，几乎没有什么家庭作业，只记得在淮阴中学时，数学老师叫每人做过一个木头的"凸轮"模型。所谓的"复习"，完全是我们真正从基础开始重头学习的时候。

我的高中同学赵峰的家长是淮阴师院的老师，他帮我搞了师院高考补习班的一张听课证，上课时间是每晚七点到九点半。可是师院和工厂是城市的两个对角，没有交通工具怎么去呢？于是我利用车间办事员的工作关系找到厂部的老宋。宋是上海知青，脚上受工伤有残疾，被安排在收发室工作，他本来每晚九时后应去市邮局取回次日的报纸和信件。我和老宋说，你把自行车借给我，我上完课后帮你把报纸和信带回来，你就不用再跑了。就这样，好歹解决了交通问题，投入渴望中的文化补习课。只是下班后才能蹬车出发，到了补习的礼堂，不但前面坐满，后面也站着大堆听课生，我总是把那28吋自行车架好，然后高高地站在自行车书包架上听课。

在大学教书的建荣姑姑，从北京给我寄来了一些复习资料和考题。这些资料对我的复习真是雪中送炭，很起指导作用。不然我们这些所谓的"高中生"都不知道"高考"会考些啥东西。

1977年的高考，在江苏分预考和省统考，两次。预考由地区出卷，考政文和数学两门。我们工厂所属的省农垦局是地级单位，农垦局出的卷子不难，作文题目"苦战能过关"。我写了化验室对不明原料的一次分析和鉴定，大家忙了一夜，终于成功完成，苦战过关了。

预考过关后参加省统考，由省里统一出卷。报理工科的要考语文、政治、数学和理化四门。我考得不是很好，但也没有什么可遗憾的，本来，我们没有学过，空缺知识实在太多。分数出来后，我得257，一同复习的小虎260、王洪250分（文科），都过了江苏省200分的录取线。

紧接着就是报志愿和体检。

由于我们隶属于农垦局，体检不上市医院，安排在局内医院。农垦局并没有像样的医院，就靠人称"小医院"的局机关门诊部进行，小医院有位何副院长负责体检，其实他只是一名中医医生。

体检在初冬的一天下午进行，那天风和日丽，考生们过了一科又一科，好像没有什么麻烦。医生说我有点心动过缓，加了心电图测试。操作医生是刚刚培训回来就实习的小陈，他只管操作，不管读谱图。

体检结束，我感觉问题不大，赶紧请假探亲，想赶在入学前回趟福州。

探亲回来，陆续有人接到大学的录取通知，小虎被南大化学系录取。我报的志愿有南航、南医等，都比南大低，估计也快了。

捱过几个星期，厂里考200零几的都收到了通知，只剩我和王洪迟迟不见动静。我觉着不能傻等下去，就去农垦局招生办打听情况（七七、七八级招生时，考生材料由所在地招生办掌握，学校录取由各招生办送档。下面送或不送，上面无法掌握，漏洞明显，借职权营私舞弊的事很普遍。到了七九级才改为省招生办统管）。

局招生办的人对我说，你体检不合格，材料从未送出过，当然也不可能被录取。我听后大吃一惊。便问，哪项指标不合格，能否让我知道？如果确有病患，也好及早治疗。招办人同意，从档案袋里抽出体检表，"体检结果"栏赫然写着"窦性心动过缓，伴二度房室传导阻滞，体检不合格"，附有何副院长签字与小医院的红色公章。

看到这个结论，我非常懊恼，但在那时也不是很清楚什么是"窦性"，什么是"传导阻滞"。招办人员带有安慰地说：你还不是唯一的，你们厂王洪也不合格，血压有点高，还有东兴农场老三届的一位考生，考了三百多，但体检表压在玻璃板下，没有体检表，当然更惨了……

从招生办回来，即接到西安晚报社电报，让我立即起程去参加奶奶的平反追悼会。到了西安，我把体检不合格的事告诉了爸爸、建荣姑姑和舅婆。他们都说，一定是误检了。你身体很好，没有任何症状，去年当兵体检没事，还参加过半年多的排球训练，一定是搞错了。同时他们又说，江苏省招生办的主任叫方菲，她丈夫叫胡畏（华东水利学院的党委书记），两位都是你奶奶抗战时在盐阜区工作的老战友，这次追悼会他们专门发了悼念电文。你抓紧去找一下方菲，争取一个复查的机会。

西安活动后，我和伍文、乐文去了华山和武汉，顺江直下到南京。当晚乐文陪我去方菲家，在大方巷的一座旧式小楼里。方菲倾听了我的申诉，立即写条子，请农垦局招生办进行第三方复查。

回到淮阴，马不停蹄奔农垦局招生办，工作人员看了方菲的字条，没说什么，让"小医院"安排专人带我去其他医院复查。

几天后，我接到通知，没想到陪我复查的小陈，就是做心电图的。按照安排到最大最好的地区医院，也是小陈当初实习培训的医院。一路上，小陈忍不住说起何副院长，一个中医，哪懂什么心电图谱，"传导阻滞"，故意瞎说。

大医院里做完常规心电图，又加做运动试验后的心电图。先让你在特制的多层阶梯上来回跑，直到气喘嘘嘘测心电图。地区医院结束后，小陈又领我去另一家大医院，同样也做运动试验和心电图。医生仔细看了图谱后告诉我，你的心脏不是疾病，也不需要服药治疗。

有了医院肯定的说法，复查算结束。小陈当即表示一定给我出个合格的复查结论。但最后的说法，还是要有何副院长的签字盖章。

就这样，复查耗去许多时间，省招办七七级的工作已告一段落。还未等到农垦局招生办的复查结论，七八级的招生开始了。我无心恋战，不去纠缠什么结论，一门心思扑在新的复习迎考上。

"七八"年的江苏高考是五门，总分 500，我考了 365 加 15 附加分，其中化学考了 98（满分 100），省定体检线 300 分。报志愿时，我不敢有何奢望，但求逃离农垦局魔掌，所以只报了南通医学院、江苏师范学院、无锡轻工学院和南京化工学院，一顺溜省内高校。

很快又到了体检的关口。这次为了准备充分，小陈建议我先去解放军的 82 医院，找心血管科的鞠主任，淮阴地界上心血管的权威，他的诊断是极富说服力的。

说来也巧，这 82 医院 50 年代时曾在南京，正是我出生的医院，1969 年迁到淮阴清江。我请了半天假，专程去 82 医院。

在心血管科挂号求诊，鞠主任听我详细讲述了体检和复查的情况，他板着脸，一声不吭，开单做心电图，照样是常规项加运动试验后的两次心电图。遵照吩咐，很快完成测试。操作的军医将谱图交鞠主任，他还是一句话不说，两眼盯着谱图，不时地用一把分规量来量去。突然扬起脸对我严肃地说："你体检之后有没有吃过什么药？"我说："没有。我没有任何症状，不需要吃药，也没人给我开药"。鞠主任又说："你老实告诉我，到底有没有吃药？"我说："我真的没有吃药，也无药可吃。"鞠主任接着说，"你如果吃了什么药，一定要说出来，这药就是国家心脏病药物的一大发明。二度房室传导阻滞的病人，不到半年时间里能做出这样的心电图，真是天大的奇迹，医学史上的一个奇迹。"

显然，鞠主任是在幽默地告诉我：半年前的体检结论错了！

接着鞠主任又慢慢地讲解，房室传导阻滞共分为三度，一度指偶然发生，二度为经常的大量的不能传导，三度则是完全性的阻断。二度传导阻滞的病人，会有明显的临床症状，还会引起心律过缓。但反之不亦然，不能说心律过缓就一定是二度传导阻滞。鞠主任又说，你体检后去爬了华山，以及运动后的心电图都说明，心动过缓是生理性的，而非病理性的，这在青少年中常见。你根本就没有什么"传导阻滞"。

鞠主任接着又问我在工厂里做什么工作？我说在化验室。他又问，如果你在工作中化验结果和正常值不符怎么办？我说，"当然是先对留样做重新测试，以验证第一次的结果。""你们检测样品尚且如此"，鞠主任说"为什么作为一个体检医生，竟如此不负责任地做出错误的诊断结论，草率地断送一个年轻人的大学梦"。说到这里，鞠主任十分激动，也十分气愤，拿过我的病历，在上面奋笔疾书，足足写了三页纸，又将原始的心电图谱附在后面，以做佐证。最后鞠主任又对我说，你再体检的时候，就给他们看这个，他们如有什么问题就直接来问我好了。

有了鞠主任写的东西，我心里踏实多了，对顺利通过体检也充满信心。

很快到了体检的日子。我又去"小医院"。先到小陈医生那里问复查结论事儿。他告诉我，复查的结论明确了体检的结果为误诊，但交给何副院长后，就没有任何消息了，也不知道他有没有交到招生办。我说不管他了，今年我又来体检了，这次我还有了鞠主任的诊断，我不怕他乱来。小陈也说今年即使要你做心电图，我一定给你出一个好的心电图。

不一会儿，我就见到了何副院长，他先板着脸对我说，你有心脏病，要去做心电图。我针锋相对地说，"我没有什么心脏病，复查的结论你很清楚。还有，这是鞠主任写的诊断，您仔细看看"。何副院长接过诊断看了一遍，有点恼羞成怒："那你也要在'以往病史'一栏中填上心脏病"。我说："我本来就没有病，是你自己误诊，凭什么要我填以往病史"。何却大声地说："你即使自己不填，我也会给你填上。"

体检开始后何副院长负责测量呼吸时胸腔的扩张程度。这个数值，女生一般都在8厘米左右，男生都在10厘米以上。可何副院长却在我的体检表上写下4厘米。4厘米就4厘米，只要没说体检不合格就行。

在当时，农垦局招生办体检表上的最后结论，是不让我们考生看到的，我也实在不知道体检的结论是什么，不知道何副院长真在"以往病史"里写了什么。满腹问题困扰着我，越想越不是滋味——我不能无所作为，任凭他单方面地乱写；我有必要发出自己的声音，让上级招生办了解真相。

于是，第二天我就给省招生办写了一封长信，从七七级招生的体检结论到复查，再到鞠主任的诊断，详详细细地讲叙了事情的经过，最后的重点放在担心何副院长写入"以往病史"里的东西。

谁知，这样一封反映真实情况的信，又一次给我惹下了大祸。

那是录取开始前的一天，农垦局招生办的人来电话把我叫到办公室。那位工作人员手里挥动着省招生办的回函，气愤地责问我："你为什么背着我们向省招办告我们的刁状？"是的，他口吐的是"刁状"！这个词在当年批"四人帮"时很热，都知道江青说过"告了老娘一个刁状"。我回答说我向上级招生办正常反映我在体检中遇到的问题，又怎么是告了你们的刁状？那人又说，反正省招生办对我们的工作不满是你造成的。我猜想也许省招办询问了我的七七级体检的复查结论，或别的什么事吧。就问省招办对你们有什么不满？来函能让我看看吗？那人就随手将来函摔了给我。我看了一下，上面就写了一句话："请与该考生谈，消除误会。"丝毫没有刺激对方致使不满的含义，对方顺势解释，他们调看了体检表，不必担心，何副院长没有敢在"以往病史"里写什么东西，不要有顾虑。

可现实依然是，在中国的官场唯上是从，一个部门若是由于你而被上级领导部门说了什么，指责了什么。那你就是逆了龙鳞，得罪了他们，他们就会在他们的权力范围内，睚眦必报，给你以致命的打击。

很快，无声的打击就来了。不管什么学校来录取，不管你的分数在不在档内，农垦局招生办都不将我的材料送出去。我报的志愿已经很低很低了，却无奈他们偏不送材料，学校自然无法录取。轮复一轮录取结束，第一轮没有我，第二轮还是没有我。眼看着厂里考330、320的，甚至310的都陆续收到录取通知，我还是望眼欲穿。就这样，一直等到七八级开学，还是没有我。

到了11月下旬，就在我万念俱灰之际，有人告诉我，国家为了多培养人才，准备扩大招生。部分有条件的南京高校将在落榜生中，选择在南京有直系亲属，具备走读条件的，招收为走读生。这个消息对我来说太好了，真是天无绝人之路，这也许是我上大学的最后一次机会了。我决计做最后一搏。

走读的关键条件是"南京有直系亲属"，"有走读条件"。

我在南京的舅婆出马了。

她为我的事连夜写了一份详细的情况说明报告，说明我在文革期间，由于爷爷（刘子久）因"61人叛徒"案被关押，奶奶（邓评）被迫害死亡，父母去了农场干校，我一直寄住在南京，舅婆是我的监护人，南京的舅婆家就是我的直系亲属，且具备走读条件，符合这次扩大招生的条件。这个报告送请单位党组盖章后，舅婆又专门去找了江苏省老省长惠浴宇，惠老听完舅婆的申诉，马上在报告上批示"请高招办X主任阅办"。

有了惠老的亲笔批示，录取在南京走读的事就异常顺利了。

厂里卫生所的医生小程，她爸爸是紫金山天文台的书记，也是我奶奶在盐阜时的老人。小程恰巧从南京探亲回来，马上就告诉我："南京那边都已经说好了，你就是臧文（我舅婆）的直系亲属，文革时一直住在他们家里。为此我爸爸他们也都写了证明材料，你一定要按照这个统一口径。"

短短的传话，至关重要。

第二天，我被农垦局招生办的电话叫去。一到那里，他们劈头就问："臧文与你什么关系？"我答"是直系亲属，文革中奶奶被迫害致死，爸爸去了农场，我就一直住在舅婆家里"。他们沉默了一会儿，话锋一转："你今年高考的成绩不错，现在省里准备扩大招生，我们农垦局也要在响水县大有镇（原兵团二师师部所在地）将办一个农大，属大专。农大准备录取你，你若同意就录取你去农大。不同意就按不服从国家调剂论处，取消你明年的高考资格。你自己好好想想，告诉我们你的决定。"

由于先得了消息，我心中有底，不慌不忙地接茬："我在南京有直系亲属，有走读条件，符合南京市扩招的条件。我为什么要去农大？我不去农大，即使取消明年的高考资格，也不去农大。"

招办的人看我没被哄吓住，僵持了几分钟，改换口气：好吧，同意你在南京走读，但你不能重填志愿，只能按照你原先的南京志愿学校接受扩招。

实际上，省里这次扩大招生的学校和原先统一录取的学校有所不同，不是每个南京高校都有条件扩招。所以考生都有重填志愿的环节。考生可根据这次扩招的学校和专业重新填报志愿，再由学校择优录取。许多分数不及我的考生，由于重新报志愿而进了南大、南工等较好的学校（乐文进了南工，杜春萍也进了南大）。农垦局招生办不让我重新填报志愿，实在是没有道理，无非是把"小鞋"丢到底。事至如此，也不能踢开"小鞋"了，他们能"开恩"同意我在南京走读，已经很不很不容易了。（厂里的石红连就是因为在南京的姑妈"不算直系亲属"，结果去了大有农大。）

在扩大招生的过程中，以我的分数被南京化工学院录取没什么疑问。录取工作结束后，舅婆生怕节外生枝，担心农垦局招生办再耍花招，直接到南化学校取走了我的录取通知书，然后叫宪文当天坐长途车送到淮阴。

拿到录取通知书后，我真地感慨万分，愤愤然欲仰天大问：为什么我上个学要费这么大的周折？为什么这世上有这么多的损人不利己的小人？

为什么呀！……

常有人说，个人的命运总是和国家的命运联在一起。是的，没有这等国家就没有这班庸医和污吏，他们只手遮天，相互勾连，织就了一张无所不及的人治的大网，个人被压在这张网下，诸事可因人而废亦可因人而立，命运才会有这么多的坎坷和挫折。本来，受教育是人人应享有的基本权利，但在中国，这个权利却被剥夺了。尔后站出一位伟人，把原本属于你的东西"恩赐"于你。就这境地，你对剥夺你权利的官府不得有任何怨言，甚至须对还来东西的"伟光正"感激涕零。这套"全心全意为人民服务"的秩序，与现代文明完全格格不入。领教够了！最终培育奴性的逻辑，我已越发不敢苟同。

什么时候我们每一人，作为一个国家的公民，都可以堂堂正正地拥有自己的权利，并可以勇敢的捍卫自己的权利，而不需要以同样的人治的方法去维护和争取自己的权利，这样的社会才应该是我们接受大学教育，并自愿为之奋斗的社会。

很快办完所有的离厂手续，我没有忘记在厂大门口拍下冲出牢笼的照片，然后一分钟也不愿多留地离开了淮阴。

我被录取在南京化工学院化工专科班，三年制大专。记得报到后去食堂吃午饭，买一份放了酱油和糖的雪菜炒肉丝，个中滋味至今未忘。

在舅婆家，晚上和也是刚入校的乐文聊天，他指着戴在胸前的白底红字的"南京工学院"新校徽说：这下，总算让我们混进了知识分子队伍！

  我在大专班学了两年之后，又有幸遇上转入本科的机会，165人通过考试，可以有 16 人升入本科继续学业。我，当然就顺利地转入了本科——化学工程系高分子化工专业——高八班，成了名符其实的一名大学生，迈开求学求自由之路。再之后，去北京读硕士，去英国读博士，都是后话啰……

2019 年 4 月完稿于 Toronto，2024 年春夏改

白鹤祭

蒋夏露[1]

三月阳春，玉兰花开。忽地一夜春风来，满树洁白鹤欲飞。亭叔于上年驾鹤西去，因而每逢年年今日玉兰盛放时必会记起他。这是个多美丽多温暖的季节，这是个充满希望和生机的季节。亭叔应该是放心离去的，因为世上还有很多爱他懂得他的亲人和战友。他的心愿，一定会有人替他继续下去。

亭叔是父亲的挚友，我儿时的印象是从高楼门大院开始的。那时候的大院装满了光荣与梦想，父辈们的事业正值人生巅峰。这是一个特殊的军营，办公室肃静而神秘，叔叔阿姨们英姿勃发，踌躇满志，亭叔无疑是最闪亮的一位，我经常能从父亲口中听到那种掩饰不住的欣赏和夸赞。

然而总有乌云蔽日的时候。我们在那个灰色的日子里离别，历尽跌宕起伏，再见时已是四十多年后。曾经英气逼人的亭叔已是发染秋霜步履蹒跚的老翁，唯有双眸仍是那样的坚毅和不甘。"荒唐岁月……使明珠蒙羞"，此言多么精辟，一语中的。但是时光不能倒流，岁月无法逆转。唯有给后人留下做人的风骨，发扬光大，世代相传。"遥寄天涯小儿女，莫使东风付水流"。借老一辈革命家任锐的一句诗词，替亭叔表达出他的期望。

---

[1] 蒋夏露，邓亭老战友的女儿。

亭叔少小投身革命事业，一辈子忠于信仰，做事做人皆为楷模。我们对他的最好纪念就是继往开来，接续他们的优秀品质，做一个有益于社会的人。

望窗外白鹤振翅欲飞，未知那位安详的灵魂有没有飞过我们的上空。故有感而发，即时做《白鹤祭》一篇，以抒发对亭叔的纪念。

怀念邓亭叔叔

马 阳[1]

邓亭叔叔一直是家父、家母的挚友。他聪颖过人、工作拔尖，核心业务方面在部里当年也是挂号的。然而就是这样一位才华横溢的干才在文革中却遭到极不公平的对待。二十年代参加革命的老母亲被活活整死，至今死因不明，他本人也最早被调离五局。离休后待遇与部里相对应的人没法比。但五局的老一辈最可贵的就是从不计较个人得失，这也是甘当无名英雄的局风所致，与过去和当下争功诿过的现象形成鲜明对照。

1983年邓亭叔叔给家父、家母寄来一首词，抒发面对离休生活的心情，从中没有丝毫对官位的留恋和对名利不平的愤懑。只有"顺天应势，能仕能民，斩利索名缰，与老无争。"如今我们也到了"绕膝小孙孙"的年岁，放正心态、与事无争恰是我们对上一辈最好的学习和缅怀。

怀念邓亭叔叔！

---

[1] 马阳，邓亭老战友的儿子。

今生盘点

邓 亨

一

　　人到暮年，经历了不少事情，积累了一些认识，趁自己尚不糊涂，整理成文，留与后人参考。

　　我与勇一生的具体经历，是形成本文的历史背景与现实基础，已各有自传留存，毋需赘述。

　　我的母亲邓评，她作为我们这一家的"老祖宗"，出身于以商业经济为基础的书香门第，被潮流席卷成进步知识分子。五十九岁的短促一生证明，她不愧是一位坚强、正直的革命女性，也是那个特殊年代受迫害、被摧残的知识群体中的一员。她为这个家树立了一种不朽的人格精神。她是我等与生俱来所具有基因（生理的与精神的）的渊源。不仅从血缘上说"没有邓评就没有我们"，而且在我们灵魂上也铭刻着她的烙印和影响。我直接在她的培育和召唤下投身革命阵营，至今无悔我参军、入党、献身技侦事业的人生道路，这在当时都是正义与正确的选择。

　　当然，今天看来，我也无法逃避这条道路所决定形成的我的政治性格。我在文革以前曾经是听话的"驯服工具"，政治运动的积极参与者，有过一些跟风的表现，这属于被蒙蔽性质，并未改变我的本质。在是非颠倒的年代，严峻政治压力之下我未曾丧失良知，艰苦环境的考验我坚守了自己的人品，文革后的启蒙思潮中，我已有反思和醒悟。检点生平，在大节上我问心无愧，心地坦然。虽然现今的社会出现了翻天覆地的变化，我依然坚信并秉持着邓门的家风。

二

回顾一生，过去的业绩风光、功名利禄，都已成过眼烟云，隔世记忆。眼前能实在感受到、并最值得告慰于邓评的是，我们繁衍、发展形成了一个四代十几口人的大家庭，在家族史上堪称健康、幸福的一支，没有废品、次品，个个是正品、合格品、守法公民；个个是智商不俗的可造之材，个个是有为之辈，个个都是好样的。这才是人生最宝贵的财富，也是我们一生最大的欣慰。

家庭是社会的细胞，我们无力左右社会，我们应尽力成为有益于社会的健康细胞，绝不要成为危害社会的"癌细胞"。要争取成为社会这个大森林中的优良树种。

家庭能否成为社会健康的细胞，最基本的决定因素是家人的素质，包括体格素质与人格素质。体格素质是父母双方择优合成的结果，是先天遗传的，正常条件下是逐代进化的。而健康、科学的生活方式也是保持与塑造体格素质的后天必要条件。人格素质的形成当然离不开先天基因如性格的影响，但主要则是来自后天的教育与熏陶，包括家庭、学校与社会多方面，特别是最密切的家人的言教与身教最为重要，这也可说是一种后天的遗传。因此，我们为人父母，要注意以身作则，做一个予子女以潜移默化的好样子，这是天赋的责任。

随着社会生活的日益开放和全球化，我们管教子女的任务面临着新的挑战。一方面，新生代孩子的秉性、思维、习惯、观念不免要和我们老一代出现"代沟"；另方面，社会本身的多元与复杂带来的变化经常令我们始料莫及，不良的影响或有害的诱惑无时无地不在,"争夺下一代"的斗争将是一种长期的客观存在。在子女成长过程中,在关心他们学业成绩的同时,更要注重品德的培养。我们在支持孩子积极参与有益的社会活动的同时,对他们的社交范围及活动内容必须予以关心和引导,不能因难管而放弃、而失控。尤其对成人前后的交友对象要有所甄别与选择,所谓"近朱者赤、近墨者黑",不可掉以轻心也!此即塑造人格素质对客观环境的必要讲究。我们在后代教育方面的教训是慈有余而严不足,在某些问题(如婚姻恋爱)存在预防教育的缺失,这与我的性格弱点有关。

总之,我们家族能否保持世代健康、良性发展,关键在于始终抓住人的素质的养成及教化这个环节。

三

我们这个大家庭,从横向比较看,应该承认还算得上是一个成功的家庭。原因何在,离不开成功的三大要素:天时、地利、人和。

天时。我离休前的大部分时间是处于乱世,先是"武乱世",包括抗日战争与解放战争;后是"文乱世",除建国初期一段短暂的岁月有点升平盛世味儿外,其后二十年是以不断政治运动、阶级斗争为名的席卷到每个人的无硝烟内斗。两种乱世的共同特点是胆战心惊。我1984年离休时,适逢改革开放发轫,国内政治氛围比较宽松,我从一名体制内的"工具",解脱为体制边缘的相对自由人,思想感情回到了人性世界,生活注意力转移到了家庭、子女、第三代,从而开始了我们这个大家庭的逐步成形。也就是说我们家起步时,欣逢中国千年难得的时代机遇,给人的成长提供了前所未有的发展空间。

地利。我们在关键时刻选择了定居上海。上海历来是中国开文明之先、最富活力的城市,是真正有利于年轻人飞翔、发展的摇篮。事实证明,我家今天的一切,都是与上海这个基点分不开的。虽然当初为此付出了不菲的代价——寿勇放弃了33年的军籍，今天看也是值得的。

人和。家庭本身就是个天生的命运共同体或利益共同体，我家成员都自觉地秉持着这个家庭大局观，奉行亲情至上、情重于利的信念，摆脱了经济利益上精于盘算、锱铢必较的小市民习气。体现了家庭的灵魂是出自人性的爱，让爱成为家庭的主旋律，共同营造互相关爱、互相照顾的和谐氛围，使家庭成为其成员给力的起航基地，温暖的歇息港湾。

一个有趣的现象是，各代年长女性不约而同皆成了家中能干的当家人和家庭团结的核心，这似乎是中国式家庭的宿命（黄炎培家族即有此"大丫头现象"），也是一种民族优良传统。

说人和还有个无法回避的问题，即如何阻止不和份子的渗入，关键在于择偶要慎重，必须坚持素质标准，具体说就是基本接近下面要谈的家风标准，至少不与我们的家风相悖，否则麻烦无穷。

上述导致家庭成功的要素，对于个人来说仅是合适的外部条件，外因要通过内因起作用，个人的努力与奋斗是始终不可或缺的。这就涉及到家风的问题。

四

家风是家庭的非物质文化遗产，也是社会核心价值观的家庭化，是决定一个家族发展方向与兴衰的软实力。家风代表这个家庭的精神标尺，维系着家族的魂儿。

我们家历史虽短，家风业已隐约形成，姑且概括为四个单词：善良、诚实、好学、自强。为了阐明有关家风的体验，下面容我说教一番。

善良 通俗的说法就是凭良心、怀好心，有仁爱之心。注意替别人着想，"己所不欲，勿施于人"，富于同情心、恻隐心。善良是俗称"好人"（或称老实人）的核心品质，仁义、宽厚、友爱等美德是其必然的延伸。它是人性中最值得珍重的普适价值。

善良与自私自利格格不入。善良出自宽厚的胸怀，源于博爱的心态，小肚鸡肠、自我中心、对人常怀猜疑与敌意者，很难具有善良的品格。

善良是我们做人的本分。但是，在争权夺利、人心不古的现实社会中，不免会发生"人善被人欺"，有人利用别人的善良而售其奸，致老实人吃亏的情况，因此对善良的理解要防止迂腐化，我们不能太天真、太老实、心肠太软了。善良区别于轻信，善良并非头脑简单，善良不等于软弱，善良不是窝囊，善良并非不得罪人，善良者不应是怜悯毒蛇的农夫。善良之人要有保护自己正当利益的意识，有维权的尊严，得理不忍，据理力争，将善良与干练有机结合起来。

诚实 是良好人格的标志性特征，是做人的起码要求，也是善良之人应有的品格。诚实与善良是孪生姐妹，善良与弄奸耍滑、欺蒙诈骗是绝对不相容的。诚实就是不说假话，表里如一，实事求是；光明磊落做人，踏踏实实做事。诚实就必须讲诚信、重承诺、负责任、敢担当。诚信也是人们取信与立足社会的根基。我们谋生立业凭的是诚实的劳动，绝不靠投机取巧、歪门邪道吃饭。

诚实源于唯物论的逻辑。诚实的思想基础是坚信唯有事物的真相才是经得起检验、站得住脚的，谎言与假话只能瞒骗于一时，必须彻底摒弃说谎可能得逞的侥幸念头。

好学 前面所说，要做一个善良的人、诚实的人，同时还得做个有知识、有文化的人，而好学则是获取知识不二的手段和途径。立足现代社会，靠的是知识，包括文化科学知识与做人处世的知识，亦即才能与品德两方面，这代表着一个人的软实力。知识不只是谋生的手段，更是提升人品的营养剂，即所谓知书达礼也。

人的智商是一种潜能，需经知识的浇灌方能开花结果，成为智慧，缺少知识的智商顶多只是一种小聪明。知识决定人的内涵，知识决定人的眼光，知识决定人的品位，总之，知识决定人的素质。

当然，这里说的知识是指真实的、科学的、有益的、有用的良知，而不是无用的、无聊的、甚或误人的、害人的伪知识。总之，善良与知识结合才是可贵的良知。

我们家人自幼便享有较好的学习条件，和继承着爱学习的传统，都懂得精神食粮的重要和体会过学习过程的愉悦。在此，我想强调的是，应该把好学提升为一种人生观与价值观，或一种积极的生活态度。其实，学习是人的一种本能，孩提期的观察与模仿便是学习的初态，人的一生实际上就是个学习加实践的过程，不同的是有的人自觉、有的人盲目；有的人主动、有的人被动。自觉与主动者就是好学者。

因为我们选择的人生道路是不崇拜金钱、不追求权势、不依靠关系，不羡慕虚荣，而是靠知识、靠本事立身社会，以达到清清白白处事、干干净净做人、自自在在生活的境界，自然把学习视为生命的必需。

为此，我们对新事物要保持敏感，富有好奇心，不耻下问，不断充电，时刻充实自己的头脑，生命不息，学习不止。我们的兴趣不妨广泛些，爱好多样些，博览群书，开阔视野，不乏幽默感，注意风度修养，举止讲文明，谈吐有文采。

为此，要用心营造一个有文化的家庭，家有文化氛围，人有文化素养。当此物欲横流、利欲熏心的社会潮流，更要通过文化的熏陶来净化心灵，提高抵御外来诱惑的免疫力，培养有文明涵养、身心健康的现代人。

自强 如果说善良、诚实是一种品质，好学是一种能力，自强则是一种精神。人是不能没有精神的。自强的主要内涵，一是独立自主、自力更生的志气，有自己的独立人格，拒绝人身依附，耻于吃嗟来之食，靠自己的努力来开辟自己的未来；更不会趋炎附势、同流合污。二是积极进取的人生态度，在挫折和困难面前知难而进，不气馁、不消沉、不自暴自弃；在打击和压力下，坚韧不屈，自强不息。自强是决定我们一生有所出息与不断上进的内动力。

"木秀于林，风必摧之"，处于充满小市民气息的环境中，因为你优秀，因为你做得好，因为你幸运，难免招致某些人的"羡慕嫉妒恨"（转化为你倒霉时的幸灾乐祸、落井下石），对此，我们务必保持定力，不为所动，不卑不亢，我行我素，坚守自己正确的东西。让狗去叫吧，骆驼队照样前行！

以上说教，抽象而不空洞，每一句后面都隐藏着一个故事或一段经历，是我们人生经验之谈，希望你们能慢慢体会，继承并有所发展，不负我们书写本文的初衷。

家风不但是自我修身养性的标准，也应该是交友、择偶的标准，所谓"同类相聚、同声相应"，不是一路人，莫入一家门也。在三个子女成年阶段，我们在婚姻择友问题上，对他们缺少事前的正面教育，是我们的失责。

五

亲爱的孩子们：我们家庭的结构与境况，与数十年前比，已有了巨大的变化与发展，已成了一个名副其实的跨国家庭，你们及你们的后人，都已是或将是马克思说过的"世界公民"。你们将经常往来于地球村，随着你们身份的演变，你们的视野、理念、生活方式等等都会随之改变，祝愿你们与时俱进，博采众长，但不要数典忘祖，盲目媚外，莫被别人完全同化。要善加珍惜我们血液中的中国基因，中国人还是应学习中国文化、学点历史，不要荒废了中文的阅读和书写。永远记住自己是炎黄后裔，根在中国。坚守中华的优秀传统与文化美德，绝不作有损国格的行为，对养育过我们的多难祖国永远怀有报效之心。

　　始终坚持自力更生，靠实力走遍天下。对外国的生活不能过于理想化，世界是多元的、复杂的，外国社会也有它的阴暗面和险恶面，不要放松自我保护的警惕性。要经得起意外困难和挫折的磨练。充分利用彼时彼地的有利条件，发挥我们自身的优势与潜力，做一个受人尊重的堂堂正正的中国人。

　　随着生活状况的改善，仍要保持俭朴本色，戒张扬、戒奢靡、戒浪费，不做纨绔子弟。

　　以爱祖国、爱乡土的"乡愁"为同心轴，在新的时代中，注意保持我们邓家人的凝聚力，人散各方而心不散，邓家的亲情恒久远，邓家后人永远心连心，邓家团结、和睦、关爱、互助的优良传统永弘扬。作为团结的核心，"大丫头"小群已尽了全力，树立了很好的榜样，她之后，第三代核心的担子义不容辞地落在欣蓓身上了，同时陈丰和安童夫妇会大力支持与协助她，继续把我们这个大家庭经营好。

　　孩子们：我们今生能结合成一个家庭，这是可遇不可求的机缘，值得永远珍惜。我深深地爱着你们，你们的童年趣事、你们成长中的烦恼与长进构成了我老年忆旧的主要内容，你们的一举一动都与我的心连着。

　　然而天下无不散的宴席，千里送君终有一别，我有幸亲睹了邓家可爱的第五代，不大可能见到第六代了，而第六、第七代……必将生生不息，继续发展。我多么憧憬那时的你们、那时的中国、那时的世界是怎样的场景啊！

　　祝愿你们一代更比一代强。

定稿于 2016 年 10 月病后

新年联想

邓 亨

2016年了，大家都长了一岁，我们的子女也陆续进入"知天命""耳顺"之年。我与你妈1955年结合迄今，由两个人繁衍、发展为一个四代同堂、老幼近二十人的大家庭，一个健康、幸福、为人称羡的大家庭。应该说，我俩及三个子女是建构这个家庭的奠基人。

回顾我家的发展历程，我们这一家五口的生存发展状态，不妨以一个手掌的五个指头来比喻。按年龄序，我是大拇指，勇妻是食指，群儿是中指，元儿为无名指，芒果是小指。

提起"大拇指"，使人联想到"大拇指广场"那座标志性的雕塑。我自问没有辜负邓评的期望，算是个学有专长的人，一个堂堂正正的人，一个没有被恶势力屈服而竖起的大拇指。今天，为了与衰老、疾病作抗争，这个大拇指还须直竖着。

勇妻，作为五指中最给力的"食指"，她勤劳能干，相夫教子、抚育孙辈、劬劳一生，在最困难的时期撑起了整个家庭，是我家名副其实的贤妻良母、衣食父母。

群儿，身为"中指"，确实是我家的中流砥柱。她依靠自己的努力奋斗，不仅振兴了门楣，而且成了尽孝父母、团结弟妹、处理家庭大事的核心人物。

元儿，在几个孩子中，他的刻苦、好学、自强精神最突出，而他命途多舛，发展最不顺利。按他的禀赋与资质，本可以大有作为，可惜他进入社会时，面临金钱导向、人才逆淘汰的大环境，他的才干无从施展，他的志向不容于世，只得远走异乡，默默于维生、养家之道，以一个优秀的工程技术雇员终其一生，倒也符合"无名指"的宿命。

芒儿，身居幺妹，生逢其时，天生是娇生惯养、享福的命。凭她的天赋，自求多福闯天下，一生无虑。作为我们家走向世界的带头人和探路者，她的先驱作用功不可没。

这些年，我和勇同心同德，共同营建了一个温馨的家，我们以自己的身教言教培植了"善良、诚实、好学、自强"的八字家风，成为这个家的精神支柱。当年，在政治高压、颠沛流离的处境下，我们五个指头紧握成拳，永不离散，自有一股坚韧之力；五个指头各尽其能，配合默契，实干苦干，也就成了"万能的手"。终于熬过了艰难岁月，迎来了春天。

我们这个大家庭还在成长发展，还会遇到新情况、新问题。温故而知新，这点联想可能还有点启迪作用。

老邓记于 2016 年元月

告别语

寿 勇

我将结束人生之旅,该回去了。

我匆匆地来,也悄悄地走。不发讣告,一切从简。

我爱蓝色的大海,爱她云海无边,勇往直前。我是大海一粟,微乎其微。

我一生平淡、快乐,无怨无悔。

希望我的后人,无论何时何地,都不要做有损人格国格的事。

特此告别。

2009 年 3 月　2011 年 7 月重订

www.ingramcontent.com/pod-product-compliance
Lightning Source LLC
Chambersburg PA
CBHW060600080526
44585CB00013B/638